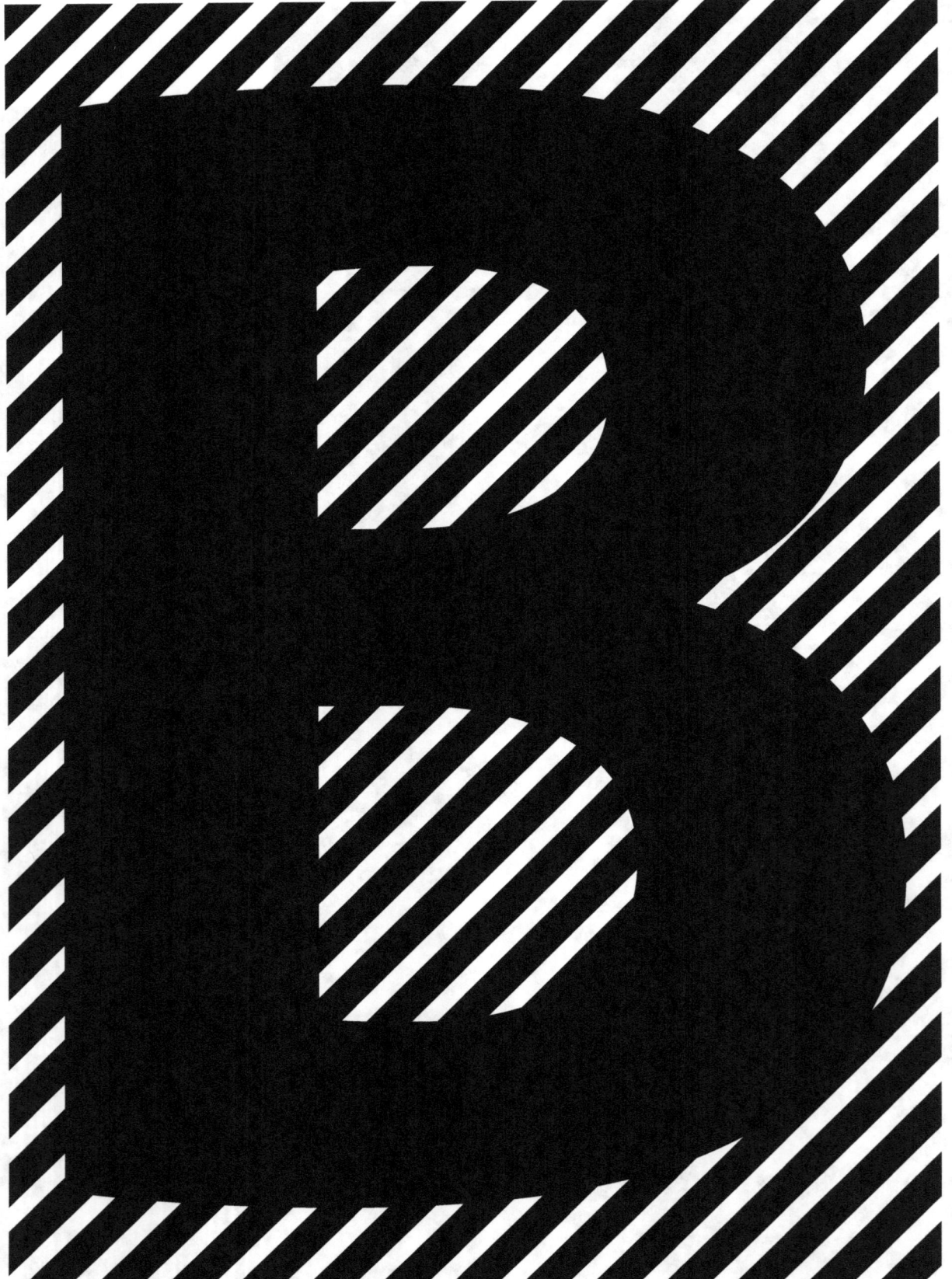

Studien zur Kunstdidaktik | Band 7

MAPPING BRACKEL

Herausgegeben von Rudolf Preuss

DORTMUNDER | SCHRIFTEN
| ZUR KUNST

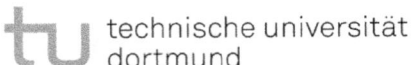

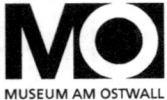

Impressum Dortmunder Schriften zur Kunst
Studien zur Kunstdidaktik | Band 7
Mapping Brackel
Herausgegeben von Rudolf Preuss

Bibliografische Informationen der Deutschen Bibliothek
Die Deutsche Bibliothek verzeichnet diese Publikation in der deutschen Nationalbibliographie;
detaillierte bibliografische Daten sind im Internet über <http://dnb.ddb.de> abrufbar.

ISBN 978-3-8370-4203-0

© *2008 Dortmunder Schriften zur Kunst*

Abbildungsnachweis:
Soweit nicht anders vermerkt, liegen die Bildrechte für alle in diesem Band verwandten Abbildungen bei den Autorinnen und Autoren. Der Verlag der Dortmunder Schriften zur Kunst bittet darum, Anfragen und Beanstandungen bezüglich der Bildrechte umgehend mitzuteilen und sichert deren Weiterleitung an die Autorinnen und Autoren zu.

Dieses Werk, einschließlich aller seiner Teile ist urheberrechtlich geschützt. Jede Verwertung außerhalb der engen Grenzen des Urheberrechtsgesetzes ist ohne schriftliche Zustimmung der Dortmunder Schriften zur Kunst unzulässig und strafbar. Das gilt insbesondere für Vervielfältigungen, Übersetzungen in andere Sprachen, Mikroverfilmungen und für die Einspeicherung und Verarbeitung in elektronischen Systemen.

Fotografie: René Kobald
Gestaltung: Frank Georgy, kopfsprung.de
Herstellung und Verlag: Books on Demand GmbH, Norderstedt

Studien zur Kunstdidaktik | Band 7

MAPPING BRACKEL

Herausgegeben von Rudolf Preuss

DORTMUNDER | SCHRIFTEN
| ZUR KUNST

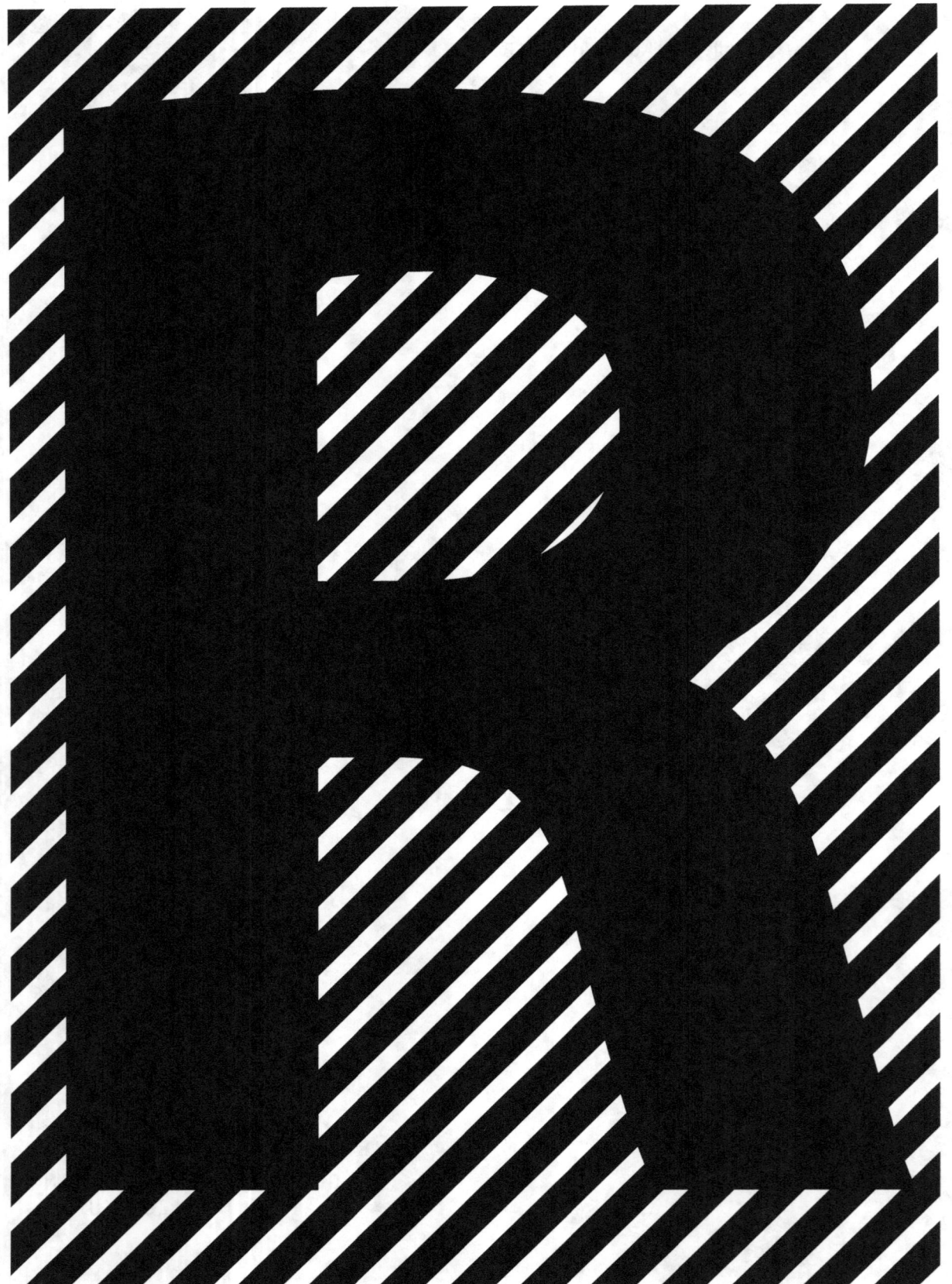

INHALTSVERZEICHNIS

EINLEITEND — 9

Klaus-Peter Busse: **DEN ATLAS ÖFFNEN** — 15

Rudolf C. Preuss: **THEMENWECHSEL** — 23

Rudolf C. Preuss: **MAPPING IN DER JUGENDKULTURARBEIT** — 49

Martin Werner: **DER PFARRER, DIE BIBLIOTHEK UND 21 WWW-ADRESSEN BEIM WANDERN ÄNDERT SICH DER STANDPUNKT.** — 60

Ursula Tjaden: **ZUM BEISPIEL ASSELN – EIN BLICK AUF DEN HELLWEG** — 65

Katharina Tewes: **BERATENDE BEGLEITUNG BEIM »MAPPEN«** — 69

Katharina Weik: **MAPPING BRACKEL! EIN ERFAHRUNGSBERICHT** — 73

Stefanie Olendorf: **DER HUNDESALON** — 79

Nicole Lezak: **MEIN BLOCK** — 83

ABBILDUNGEN SCHÜLER — 85

ABBILDUNGEN STUDIERENDE — 111

MAPPING DOKUMENTATION ELISABETH BEREGOW: KULTURZENTRUM BALOU (AUSZÜGE) — 135

AUTORINNEN UND AUTOREN — 149

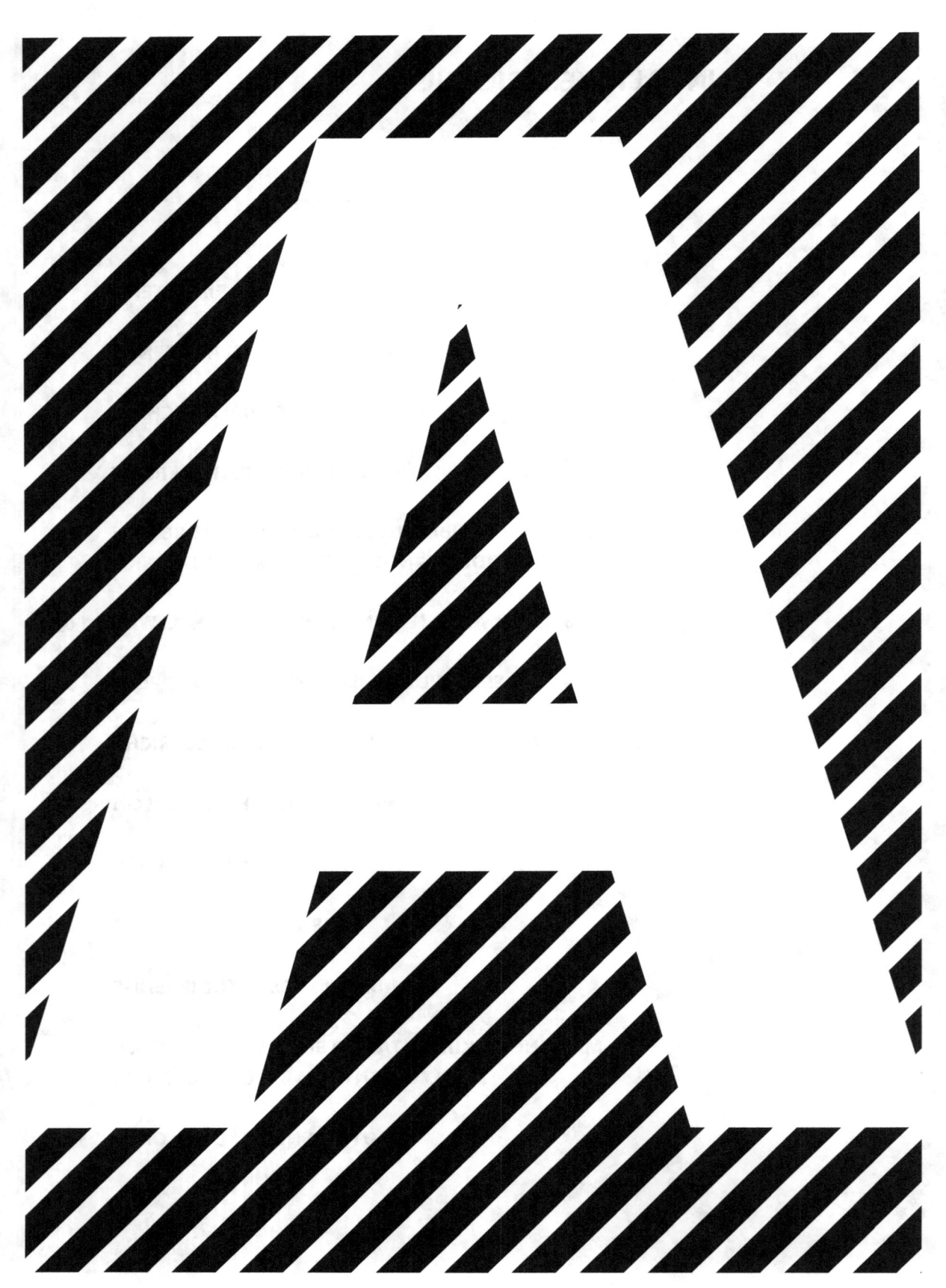

EINLEITEND

In der vorliegenden Projektanalyse zum Thema »Mapping Brackel!« werden wir wichtige grundsätzliche Positionen der Kunstdidaktik in der Praxis vorstellen und prüfen. Klaus Peter Busse hatte die Idee zu dieser Art der Auswertung, als wir uns über meine Projektkonzeption unterhielten. Entstanden ist eine Analyse von Praxisprozessen, mit der nun empirische Daten über die Praktikabilität der Mapping-Methode in der Schule vorliegen. Die Analyse geht weit über eine Dokumentation hinaus. Der Blickwinkel ist ein der Methode »Mapping« angemessener subjektiver, dennoch überprüfbarer Weg. Es werden deshalb individuelle Erfahrungen mit der Mapping-Methode von unterschiedlichen Beteiligten in den Mittelpunkt gestellt. Gleichzeitig wird untersucht, inwieweit bestimmte Prinzipien des Mappings, wie Intermedialität, offene Prozessstrukturen und die Arbeit mit Heterotopien, mehr sind als Utopien von Kunstdidaktikern. Die Untersuchung bestätigt überzeugend die Vielfältigkeit und das hohe qualitative Niveau eines Unterrichts, der projektorientiert mit dieser Methode arbeitet. Dies gilt natürlich nicht nur für die Schule, sondern ist ebenso anwendbar in der freien Jugendkulturarbeit.

»Mapping Brackel!« war konzipiert als Kooperationsprojekt zwischen Schule und Universität. Zunächst ist das nichts Besonderes, weil Universitäten häufig schulische Projekte wissenschaftlich begleiten. Hier jedoch ging es auch um eine praktische Kooperation. Studierende der Technischen Universität Dortmund arbeiteten parallel zu den Schulen in einem eigenen Seminar und legten ihre Ergebnisse gemeinsam mit Schülern in einer öffentlichen Ausstellung vor. Gleichzeitig waren Studierende im Rahmen ihrer Praxisstudien außerhalb des offiziellen Lehrbetriebes der Universität eigenständig an der Umsetzung in den Schulen beteiligt und konnten so ihre eigenen praktischen Erfahrungen direkt in eine offene Auseinandersetzung mit den Schülern einfließen lassen.

Die Studierenden waren als Lehrende und als Produzierende auf zwei unterschiedlichen Ebenen aktiv. Die Einheit von Produktion und Vermittlung hat sich als besonders fruchtbar herausgestellt, da eine direkte Auseinandersetzung über gemeinsam bearbeitete Gegenstände im Mittelpunkt der Kooperation zwischen den Studierenden und den Schülern stand. Für die Schüler bedeutete das eine Ausweitung ihres medienpraktischen und konzeptionellen Repertoires; für die Studierenden eine Herausforderung, weil sie sich den bohrenden Fragen der Schüler während ihres eigenen Produktionsprozesses über ihre Produkte stellen mussten. Die daraus entstandene Rollengleichheit und Rollenungleichheit bedeutet eine neue Qualität in der Kooperation zwischen Schule und Universität in der Lehrerausbildung. Auch für die Auswertung war diese Struktur von entscheidender Bedeutung, weil beide Gruppen im Vergleich gesehen werden konnten und sich so an wichtigen Stellen die Besonderheit der Jugendlichen im Umgang mit Mappingprozessen deutlich herausstellte. Klar wurde aber auch, dass grundsätzliche Probleme des Mappings, unabhängig von der Zugehörigkeit zu einer Gruppe, sich aus der Sache ergaben, da sie überall auftraten. Die beteiligten drei Dortmunder Schulen hatten während des Mapping-Prozesses keinen Kontakt untereinander. Es wurde so verhindert, dass durch Absprachen die Untersuchungsergebnisse verfälscht wurden. Der Stadtbezirk Brackel wurde gewählt, weil einer der Hauptfinanziers des Projektes das Stadtbezirksmarketing Brackel war. Darüber hinaus bietet der Stadtbezirk Brackel als einer der größten Dortmunder Stadtbezirke eine Überfülle an Material und interessanten Zugängen zu der Methode »Mapping«.

Unser Dank geht deshalb hier an das Stadtbezirksmarketing Dortmund Brackel. Die Landesarbeitsgemeinschaft Arbeit Bildung Kultur NRW e.V. sponserte das Projekt großzügig unter dem Blickwinkel der Erprobung von außerinstitutionellen Lehr – und Lernprozessen. Ihr Interesse liegt in der Übertragung der gewonnenen Ergebnisse auf die gesamte Jugendkulturarbeit in NRW. Dank sei an dieser Stelle auch ausgesprochen an die Dortmunder Energie und Wasserversorgung GmbH, die uns einen zentralen Ausstellungsraum in der Dortmunder City zur Verfügung stellte und an die Galerie balou, die das Projekt finanziell unterstützte und im Stadtteil eine ganz hervorragende Präsentationsmöglichkeit dargestellt hat. In der Öffentlichkeit hatte das Projekt eine sehr große Resonanz. Viele Dortmunder fühlten sich angesprochen von dem Bestreben der Jugendlichen, den alten Stadtteil mit jungen Augen zu sehen. Die Ausstellung in der Galerie balou wurde sehr gut besucht und diskutiert. Politiker der verschiedenen Fraktionen setzen sich mit den Beobachtungen der Jugendlichen auseinander und reden heute über mögliche Konsequenzen. Ein Mapping-Projekt ist dem ursprünglichen Projektgedanken von John Dewey verpflichtet, das Lernen an realen gesellschaftlichen Gegenständen zu entwickeln, welches dann selbst gesellschaftlich relevant wird und eine öffentliche gesellschaftspolitische Wirkung zu entfalten vermag – eine Wirkung, von der viele der modernen Interventionskünstler nur zu träumen wagen.

Rudolf Preuss

Zeiträume

Arbeit an den Schulen:
Oktober 2007 bis Februar 2008

Arbeit an der TU Dortmund:
Wintersemester 2007 / 2008

Ausstellung Galerie balou:
07.03. 2008 – 17.05. 2008

Ausstellung DEW21 Dortmund City:
19.06.2008 – 17.07. 2008

Schulen

Europaschule Dortmund
Frau Katharina Weik
Kunstkurs 11. Schuljahr
(22 Schüler und Schülerinnen)

Geschwister-Scholl Gesamtschule
Frau Julia Schreiber
Kunstkurs 11. Schuljahr
(23 Schüler und Schülerinnen)

Max Born Realschule
Frau Gerken
Kunstschwerpunktkurs 10. Schuljahr
(14 Schüler und Schülerinnen)

TU Dortmund, Seminar für Kunst und Kunstwissenschaften

Kunstdidaktik:
Prof. Dr. Klaus Peter Busse
Rudolf C. Preuss, OStR i.H.

Grafik:
Prof. Bettina van Haaren
Katharina Tewes (Lehrbeauftragte)

Logistik/Fotos:
Rene Kobald

Studierende:
Sabine Sommer, Stefanie Olendorf, Svenja Fischer, Natalie Roeder, Felix Bergel, Andra Wegner-Kaminski, Katharina Peick, Britta Wildenhain, Linda Krause, Elisabeth Beregow, Sabrina Fischbach, Mira Track, Lisa Müller

Sponsoren

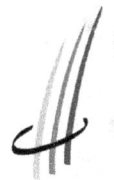

**Landesarbeitsgemeinschaft
Arbeit Bildung Kultur NRW e.V**
Eislebener Str. 11, 44892 Bochum

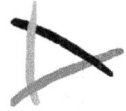

**Stadtbezirksmarketing
Dortmund Brackel**

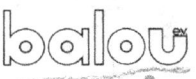

balou e.V. – Jugendkunstschule,
Erwachsenenbildung, Kulturcafé
Oberdorfstraße 23, 44309 Dortmund

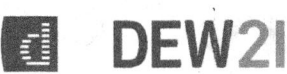

**Dortmunder Energie-
und Wasserversorgung GmbH**
Ostwall 51, 44135 Dortmund

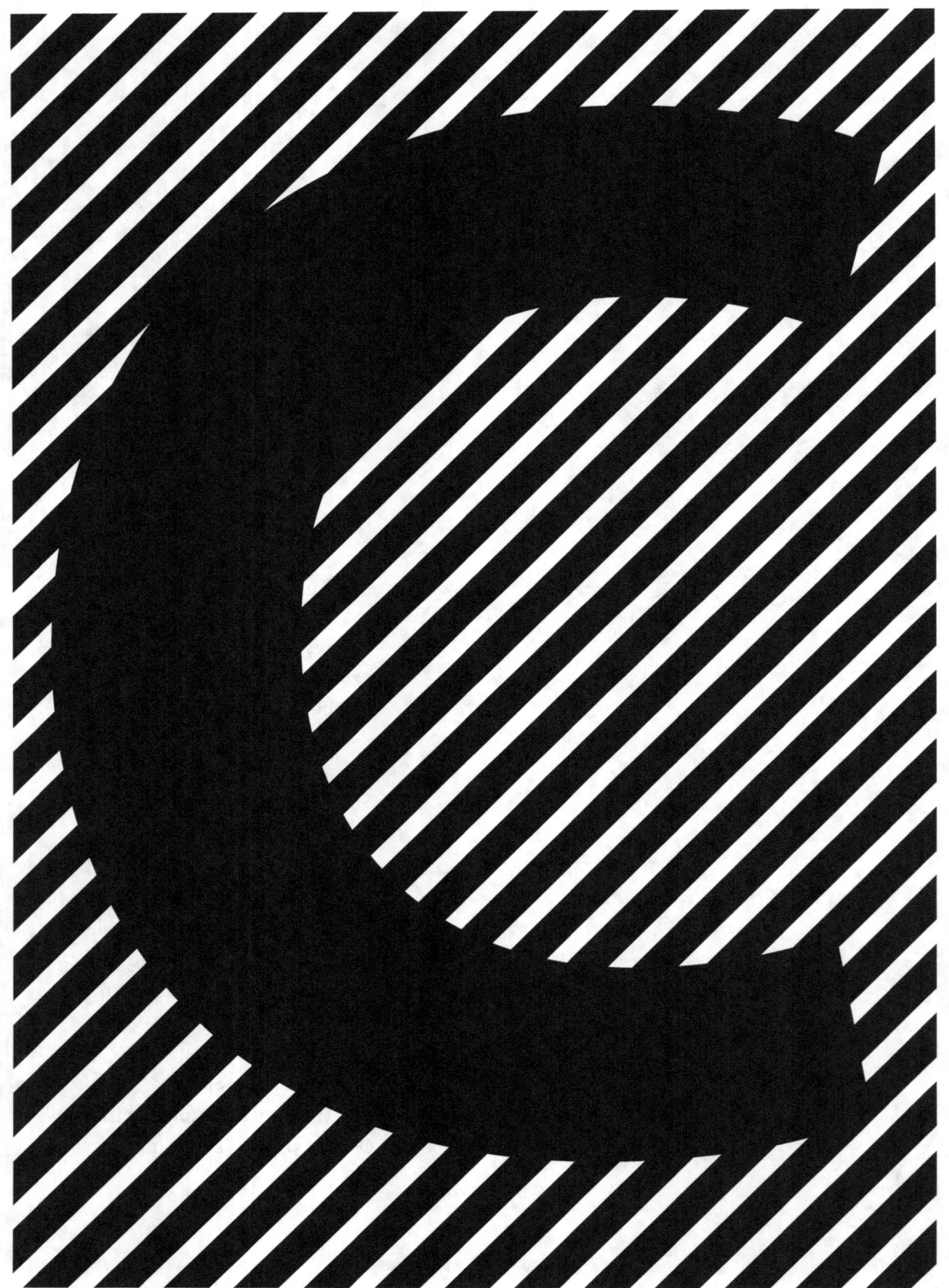

Klaus-Peter Busse
DEN ATLAS ÖFFNEN

Mapping: ein kulturelles Skript

»**Mapping**« ist die künstlerische Kartografie von Räumen und ihre Repräsentanz von Räumen in Bildern und in anderen Medien (z. B. Raum- und Architekturmodellen). Gleichwohl vollzieht sich Mapping auch in alltagsästhetischen und wissenschaftlichen Kontexten (wenn sich z.B. Kinder einen Raum durch die Schnitzeljagd erschließen, eine Familie eine Reise plant oder ein Landvermesser einen Brückenbau entwirft). Der Reiz der künstlerischen Kartografie besteht in der kreativen Annäherung an Räume und Orte, die in der Kunst nicht einem strengen methodischen Raster unterworfen ist: Mapping erlaubt eine freie Zusammenstellung von Methoden und innovative Perspektiven auf Räume. »**Den Atlas öffnen**« bezeichnet ergänzend alle didaktischen Methoden, mit denen das Mapping in schulischen Vermittlungssituationen zur Anwendung kommt. Der Begriff meint also die fachdidaktische Performanz der Kartografie.
Mapping ist eine ausgesprochen aktuelle Annäherung an Räume, die in der zeitgenössischen Kunst mit einem gesellschaftlich-kulturellen Interesse an den gewaltigen Veränderungen des lokalen wie globalen Raums einhergeht. Gesellschaftliche Prozesse wie Globalisierung, Migration, Nachhaltigkeit, Veränderung von Grenzen, verschwindender Raum und Entstehung neuer Räume lassen sich heute bis in den Alltag hinein beobachten. Städte und Stadtteile verändern sich und die Form der Bewegung zwischen Orten lassen Räume in der Wahrnehmung schrumpfen. Viele dieser Prozesse verändern das Verhalten der Menschen in Räumen. Es entstehen neue, innovative, aber auch fremde Orte, wenn Grenzen und Territorien neu verhandelt werden. Die zeitgenössische Kunst nähert sich Räumen und ihren Orten durch die Un-

tersuchung ihrer Nutzung, ihrer Struktur, ihrer Veränderungen und Möglichkeiten zwischen objektiver Recherche und subjektivem Zugriff. Mapping ist ein kulturelles Skript: ein Diskurs (durch Bilder, Filme, Fotografien, Diagramme, Karten, Modelle …) zur Gestaltung der Annäherung, Untersuchung, Erklärung und Veränderung kultureller Prozesse in alltäglichen, wissenschaftlichen und künstlerischen Zusammenhängen.[1]

Landmarken: die kunsthistorische Entwicklung des Mappings

Die künstlerische Kartografie ist etwa seit den sechziger Jahren vor allem in der amerikanischen Kunst aktuell, als eine Dematerialisation der Kunst einsetzte, die als Kritik an der damals gängigen Kunstpraxis zu sehen ist.[2] In Folge einer neuen Hinwendung zur Landschaft und zu Stadträumen entstanden Kunstkonzepte, die in ihrem Kern einen forschenden Ansatz als künstlerische Strategie wählten. Dieser Zugang erfolgte innerhalb der Aktualität von »cultural landscape studies«, die außerkünstlerisch eine methodische Annäherung an Räume ausarbeiteten, die im deutschsprachigen Raum kaum rezipiert wurde, aber von ungeheurem didaktischen Wert ist, da hier konkrete Umgangsformen zur Erkundung von Landschaft, Raum und Ort erprobt und evaluiert wurden. In Europa liegen vergleichbare Ansätze heute als »performative Landschaftstheorien« vor.

Der fachübergreifende Ansatz dieses Handelns zeigt sich in der Relevanz beispielsweise von Roberto Venturis »Learning from Las Vegas«, der Dokumentation eines Projektes zur Erkundung von Alltagsarchitektur aus der Sicht von Architekten und Raumplanung, die wiederum großen Einfluss auf die damals aktuelle Kunst hatte (z.B. Robert Smithson und Ed Ruscha). Ausgehend von diesen kunst- und kulturhistorischen Ereignissen lassen sich Pfade und Mäander der Kunstpraxis bis in die Gegenwart ziehen, in der kartografische Methoden vor einem veränderten kulturellen Hintergrund Anwendung finden, die zugleich ihre kunstpädagogische Relevanz belegen.

Nach der »Erfindung der Landschaft« in den klassischen Gattungen der Bildenden Kunst[3] hat sich der künstlerische Zugriff auf Räume verändert und erweitert. Transdisziplinarität, Intervention von Künstlern in Räumen, ihre Kollaborationen mit Bewohnern und kulturwissenschaftliche Orientierungen erlauben dynamisch-prozessuale Zugangsweisen, die erheblich über herkömmliche Bildfindungsweisen hinausgehen, aber nicht auf sie verzichten.

1 Vgl. hierzu: Klaus-Peter Busse. Bildumgangsspiele einrichten. Norderstedt 2008 (Dortmunder Schriften zur Kunst). Dort Verweis zum Web-Portal »Methoden-Atlas Kunstpraxis.

2 Vgl. hierzu ausführlicher und zur Didaktik des Mappings: Klaus-Peter Busse. Vom Bild zum Ort: Mapping lernen. Norderstedt 2007.

3 Vgl. Nils Büttner. Die Erfindung der Landschaft. Göttingen 2000 und Geschichte der Landschaftsmalerei. München 2006.

Mapping als kunstdidaktischer Prozess

In einer Gesellschaft, die wesentlich durch Globalisierung, Fern-Nachbarschaften, Migrationsströme und Heterogenität geprägt ist und die sich deutlich in der Veränderung der Gestalt und Nutzung von Räumen zeigen, nimmt sich die Kunst dieser Prozesse des Verschwindens von Raum, seiner Neukonfiguration und heterotoper Gestalt an. Deswegen wundert es nicht, wenn in der aktuellen kulturwissenschaftlichen und künstlerischen Diskussion Marc Augés Nicht-Orte und Foucaults Raumtheorie reflektiert werden. Zugleich sind die o.g. Veränderungsprozesse Hintergrund für internationale Projekte zur Reflexion des städtischen Lebensraums (z.B. Francis Alys in Peru), für Projekte zur Analyse von Migrationsbewegungen in Europa und für sehr lokal eingebundene Strategien.

Peter Sloterdijks Maxime »Leben lernen heißt am Ort sein lernen!« und die Recherchen beispielsweise des Historikers Karl Schlögel belegen ein vitales Interesse der Versicherung von Gegenwart und Geschichte von Räumen als Erinnerungstopografien. Kultur als Verhandlung auch von Räumen zu verstehen und Sinnstiftungsprozesse am Ort zu ermöglichen, ist die wesentliche kunstpädagogische Legitimationsbasis des Mappings in Lebenswelten von Schülerinnen und Schülern, die wesentlich durch diese Veränderungen geprägt sind. Das Mapping greift gewissermaßen in das Herz dieser Lebenswelten.

Lernräume

In der Untersuchung von Mapping-Projekten hat sich gezeigt, dass sich die künstlerische Kartografie nicht auf den Umgang mit Karten beschränkt. Vielmehr sind die Karten nur visueller Ausdruck des Ordnens, Forschens und Vermessens, bezeichnet als »aufsichten«. Alle Mapping-Projekte bedienen sich aber auch der Herstellung von Bildern zur Veranschaulichung des Geforschten, bezeichnet als »ansichten«. Dieser kunsthistorische Sachbestand ist das methodisch-didaktische Grundraster der Kartografie, das sich durch »Lernorte«, »Lernwege« und »Entkonventionalisierung« konfiguriert.

LERNORTE

- Umgebungsräume (lokale Orte: z.B. Stadtteil, Parks, Gärten, Einkaufszonen, Nutzungsflächen, Wege und Straßen, Grenzen, Brachen)
- Fern-Nachbarschaften (die globalisierten Räume)
- Zwischenräume (Bewegungen in Räumen)
- Fiktive Räume (erfundene Räume, Raumplanung, Utopien, Raumveränderungen)
- Erinnerungstopografien (Geschichte des Raums und der Raumnutzung, kulturelle Topografien)
- Institutionen (Rathäuser, Kirchen, Museen, Schulen, Industriearchitektur)

LERNWEGE

- aufsichten (vermessen, erkunden, forschen): Karten lesen und benutzen, eigene Karten zeichnen: persönliche Geografien, Wege gehen und in Karten einzeichnen, Karten vergleichen, fiktive Karten entwerfen, besondere Orte entdecken und in Karten einzeichnen: Lieblingsorte, Treffpunkte, Schrebergärten, persönliche Karten zeichnen, fremde Orte erkunden, biografische Karten, Reisen planen, in die Tiefe und in die Höhe gehen, Karten mit gewohnten und ungewohnten Perspektiven zeichnen, Karten desorientieren: falsche Karten zeichnen, Karten von ungewöhnlichen Daten entwickeln: Handyempfangsstärken, Szene, Treffpunkte, das beste Schnitzel, der schönste Spielplatz, Erlebnisse lokalisieren, Räume fiktiver Literatur rekonstruieren, digitale Karten benutzen, interdisziplinäre Aufsichten erkunden: Pflanzenarchäologie, Wasserproben, Nutzung von Räumen durch Tiere, historische Entwicklungen und Veränderungen von Räumen untersuchen, persönliche Stadtpläne, Objekte und Handlungen an Orten und Wegen markieren, Orte aus historischen Bildern suchen …

- ansichten (Bilder über Räume und Raumuntersuchungen machen, das Aufsichten in Bilder bringen, Aufsichten ansichten): zeichnen, malen, fotografieren, filmen, Modelle bauen, Forschung dokumentieren, schreiben

- ausschneiden (Bilder von Räumen sammeln): Bilder von erforschten Räumen ausschneiden, ordnen und sammeln, cut and paste, wissenschaftliche Archive, künstlerische Archive: scrapbooks, altered books, Reenactment, Rekonstruktionen, Inszenierungen, reality hacking

- bewegen (an einen Ort gehen): bekannte und unbekannte Orte erschließen, Wege und Spaziergänge planen und durchführen

- einrichten (einen Raum planen und einrichten)
- verändern (einen Ort verändern)

ENTKONVENTIONALISIERUNG

- Sichtbox (künstlerischen Methoden entwerfen und anwenden): Eine künstlerische Perspektive legt sich über die Forschung.

- Gründeln (Handeln reflektieren)
- Sich auf ungewohnte Situationen einlassen

Der didaktische Prozess des Mappings geht häufig von Voreinstellungen und fixierten Erwartungen an Räume aus (weil man meint, sein Territorium zu kennen). Im Verlauf des Mappings erfolgen Entdeckungen, und nach seinem Abschluss stellt sich Erkenntnisgewinn ein. Künstlerisches Handeln löst Lernprozesse in der vertrauten und ungewohnten Umgebung aus. Die künstlerische Perspektive individualisiert diesen Lernprozesse und sucht nach einem neuen Blick auf Vertrautes, Gewohntes und Fremdes: »Während die höchst rationalen Gesellschaften der Renaissance die Notwendigkeit spürten, Utopien zu schaffen, müssen wir in unserer Zeit Fabeln schaffen« (Francis Alys) – Geschichte über Räume erzählen, die es noch nicht gibt.

Kartenschränke

Mediale Behälter von kartografischen Untersuchungen sind ihre Kartenschränke: die Kartenrollen, Kartentaschen, Festplatten, Google und immer wieder der Atlas. In den kunstpädagogischen Kartenschränken lagert aber nicht nur kartografisches Material im engen Sinn, sondern alles Material, durch das Kinder und Jugendliche über Räume lernen und mit dem sie spielerisch, konzeptuell und methodisch umgehen können. Gewöhnlich kennen sie »Karten« nur als vorgegebene Druckerzeugnisse, die die Interessen ihrer Hersteller spiegeln. Deswegen sind sie Machtdiskurse, und der Geografieunterricht wird dies aufdecken. Die Kunst entwickelt die »persönlichen Geografien« und weitet das Terrain des Mappings aus. Denn »Karten« entstehen aus allen Raum-Spielen, und es sind immer wieder Bilder über Räume, von denen Kinder und Jugendliche lernen – selbst von jenen Foto-Bildern, deren Autoren man nicht kennt. Gäbe es diese Bilder nicht, wären auch ihre Orte verschwunden. Mapping braucht also Archive, Kartenschränke mit Bildern, von denen sie Raum-Geschichten lernen können: einen Migrations-Atlas, einen Ökologie-Atlas, einen Katastrophen-Atlas, einen Stadtatlas. Die Kartenschränke holen den fernen und historischen Ort an den Umgebungsort. Für die Umgangsspiele mit diesen Bildern gibt es didaktische Methoden, die ihre Handhabung erleichtern, denn die Entwicklung von Archiven gehört mit zu dem Schwierigsten, was Kunstunterricht leisten kann[4]. Wichtig ist vor allem, eine künstlerische Sicht auf Kartenschränke sicherzustellen und die in Schulen vorhandenen wissenschaftlichen Archive zu ergänzen.

4 Vgl. Anke te Heesen. Der Zeitungsausschnitt. Ein Papierobjekt der Moderne. Frankfurt 2007.

Grangerizing
Vorgegebenes Material wird durch Aufkleben und Einsortieren ergänzt

Scrapbooks
Herstellung von Büchern durch Einkleben

Cut and Paste
Exzerpieren: Ausschneiden von Bildern

Altering
Veränderung und Überarbeitung des Materials durch Malen, Zeichnen, Überkleben, Abschmirgeln, Transferieren mit Chemikalien: Überarbeitung alter, aus dem Gebrauch geworfener Bücher

Weltkästen
Schatullen, alte Zigarrenkisten, Karteikästen, Video-, DVD- und Netzarchive

Die zeitgenössische Kunst und ihre Methoden helfen bei der Schulung des Blicks auf das leblose Material (Zeitungsausschnitte), denn solche Bilder können tanzen lernen: im Kasten, auf einer Bildfläche in den entstehenden Räumen zwischen den Bildern – ein Grundkurs beispielsweise über die Bildstrategien des jungen Robert Rauschenberg. Raumbilder lassen sich in ungewohnte und unvermutete Bildkontexte stellen, verwandte Raumbilder lassen sich komponieren und disparate Bilder gegenüberstellen. Kinder und Jugendliche lernen, sich auf Raummotive einzulassen. »Figures covering the page«: Diese Abwandlung des poetischen Verfahrens von Vito Acconci weist darauf hin, dass Bilder aus einem Kasten und auf einer Fläche ihren eigenen Raum erzeugen können, der schnell zu einem Bedeutungsraum wird, wenn sich die Bildsignifikate öffnen und mit anderen verbinden. In den Kartenschränken ereignet sich also nicht nur Raum-, sondern auch Bildlernen. Kinder und Jugendliche werden zu Autoren ihrer eigenen Bücher und Kartenschränke.

Der kartografische Imperativ

Analog zu Peter Sloterdijk und der Vermutung, dass Lebenswelten und Kunst dazu aufrufen, sich selbst im kulturellen Gefüge gesellschaftlicher Notwendigkeiten neu aufzustellen, gibt es einen kartografischen Imperativ, weil Veränderungen in Lebensräumen und fernen Welten Handlungen und Haltungen fordern, die Kinder und Jugendliche lernen und die zu ihrer kulturellen Kompetenz gehören: sich selbst im Raum zu verorten: »Wer Karten benutzt, will wissen, an welchem Punkt der Erdoberfläche er sich befindet.« Der kartografische Imperativ evoziert aber auch »Bilder« von der »Welt unter unseren Füßen …, von der Welt als aufrechtem Gegenüber«.[5]

Auch die Kultur einer Region entsteht nicht nur durch Verordnung, wirtschaftliche und politische Netze, die man über sie wirft, sondern durch Teilnahme und Gestaltung, folglich durch die »weichen« Faktoren einer Raumgeografie. Der kartografische Imperativ zeigt aber noch mehr.

- **Kulturelle Narrative**
- **Raum/Ort**
- **Geschichte/ kulturelles Gedächtnis**
- **Medien**
- **Körper**
- **Natur**
- **Biografie**
- **Kommunikation**
- **Politische Situationen**

[5] Vgl. Gottfried Boehm. Wie Bilder Sinn erzeugen. Die Macht des Zeigens. Berlin 2007 (hier besonders: Offene Horizonte. Zur Bildgeschichte der Natur).

Alle kulturellen Narrative erzeugen Handlungen und Skripte, die dabei helfen, mit ihnen inhaltlich, methodisch und medial umzugehen. Sie erneuern sich ständig, unterliegen natürlich diskursiven Normen wie Werten und transportieren Ideologien. Auch die Kunst setzt sich mit ihnen auseinander und erzeugt dadurch neues Wissen. Es gibt aber begründete Zweifel, dass viele Bilder der Kunst bei Kindern und Jugendlichen das auslösen, was ihre Welt benötigt: einen reflektierten Umgang mit der Umwelt, mit Nachhaltigkeit, mit Fremdheit, mit neuen Stadtentwicklungen, mit Prozessen also, die in ihrer Substanz und nicht in ihrer Virtualität erfahrbar sind. Eine kritische Kunstpädagogik und Kunstvermittlung entdecken diese kulturellen Narrative und ihre Skripte, von denen das Mapping sicherlich ein Wichtiges ist. Verantwortlich für diesen Bildumgang ist neben der Kunstpädagogik und der Kunstgeschichte als akademische Disziplinen das Museum als Ort der reflexiven Sammlung wie Bewertung und als Camp für Kinder und Jugendliche.

Praxisräume

Wer künstlerisch kartografiert, muss Räume erkunden, Bekanntes hinterfragen und Neues entdecken. Neben diesem Wandern und Flanieren gestalten die Kartografen ihre Bewegungen und Entdeckungen. Bewegungen und Entdeckungen kann man mit bereits vorhandenen und bekannten Mitteln darstellen: Man benutzt einen Fotoapparat, wie man ihn immer schon benutzt hat. Man kann aber bekannte Medien ausreizen, nach anderen Wegen suchen, Geräte kombinieren, zeichnen, kleben oder bauen. Natürlich unterscheiden sich die Bilder von Kindern und Jugendlichen von denen der Künstlerinnen und Künstler, die über ausgereifte Methoden-Repertoires und gestalterische Fähigkeiten verfügen. Die jeweils entwickelte gestalterische Kompetenz eines Kartografen entscheidet über die Form des Mapping-Dokuments. Künstlerisch gemeinte Kartografie wird aber immer nach neuen Wegen zur Entwicklung dieser Gestaltungskompetenz suchen. Dennoch bleibt die Lesbarkeit der kindlichen und jugendlichen Bilder als Form-Dokumente ihrer Recherchen und Optionen das wichtige Kriterium.

Rudolf Preuss
THEMENWECHSEL

Beobachtungen im Prozess

Spaß macht, was sich bewegt. Bewegung zu initiieren ist eine wichtige Lebenserfahrung, vermittelt sich darüber doch das Gefühl, eine Sache, einen Prozess steuern zu können, und das ist wichtig zu lernen. Schüler[1] werden in der Schule zu viel gesteuert und lernen zu wenig Selbststeuerung. Beklagt wird dieser Zustand schon lange. Trotz anderslautender Beteuerungen ändert sich wenig. Immer mehr bürokratischer Leistungsdruck und soziale Auslese sind kontraproduktiv zu autonomen, emanzipierenden Lernprozessen.

[1] Die männliche Form steht im Text auch für die weibliche.

Abb.1: Projektheft Melanie Dierks, 11. JG Geschwister-Scholl GS Dortmund Brackel

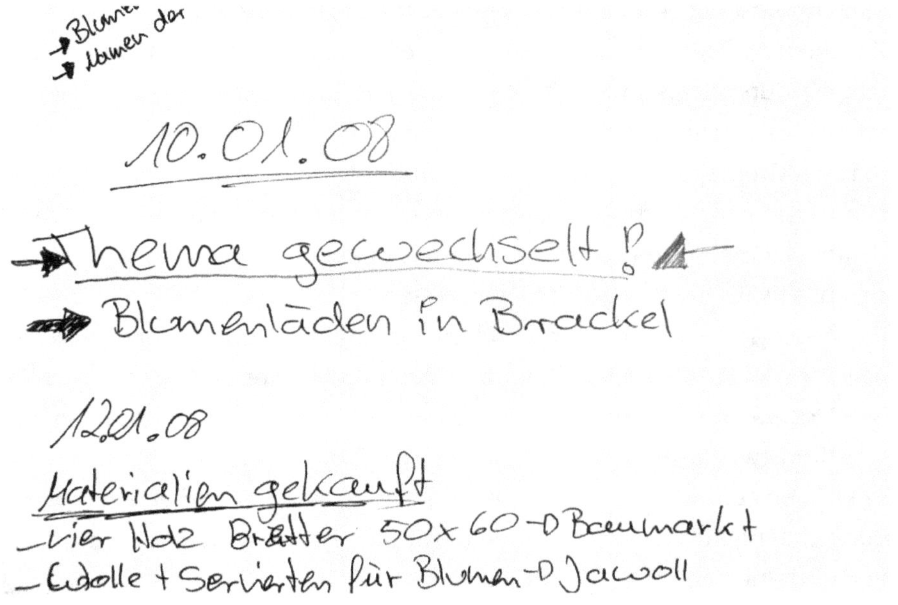

Seymour Papert[2] formuliert[3]: »Der Skandal in unserem Schulwesen besteht darin, dass man immer dann, wenn man ein Kind irgendetwas lehrt, es der Freuden und nützlichen Begleiterscheinungen einer eigenen Entdeckung beraubt.«[4]

Als ich das Projektheft der Schülerin Melanie Dierks durchblätterte (Abb. 1), stach mir der kurzfristige Themenwechsel ins Auge. Das entschlossene Ausrufezeichen erschien mir ziemlich typisch für einen Arbeitsprozess in der Schule. Nach zwei Monaten Arbeit über die Kommende Brackel[5], einen Monat vor Projektende, hatte sich die Schülergruppe entschlossen, ihr Thema zu wechseln. Häufig entwickelt sich aus einer solchen Entscheidung eine Katastrophe. Die Zeit wird knapp, der Lehrer schimpft, die Ideen gehen aus. Nicht so bei dieser Gruppe. Das Projektbuch macht den Weg und die Arbeit deutlich und ist genauso leistungsrelevant wie das Endprodukt. Prozesse entwickeln sich, werden dokumentiert und so entsteht ein Werk, mit dem sich die Schüler identifizieren können, auch wenn das »Endprodukt« nicht optimal inszeniert sein sollte. Diese Struktur ist einem Mapping-Projekt immanent.

Mapping als Unterrichtsprojekt ist an den Schulen weitgehend unbekannt. Im klassischen Kunstunterricht spielt Mapping keine Rolle. Dabei hat die Methode ein hohes Motivationspotenzial für Jugendliche. Sie knüpft an das Forscher- und Entwicklerbedürfnis der Jugendlichen an und ermuntert sie, einem Raum offen zu begegnen und Ergebnisse zu extrahieren. Die Aufgabenstellung bei »Mapping Brackel!« war komplex. Brackel ist ein Stadtbezirk in Dortmund. Die Aufgabe der Schüler sowie der Studierenden bestand darin, einen Aspekt des Stadtbezirks unter einer selbst gewählten, subjektiven Fragestellung zu erkunden. Da bieten sich natürlich sehr viele Möglichkeiten und es hat sich im Lauf des Prozesses herausgestellt, dass die Breite des Themas ein Großteil der Motivationskraft und Interessantheit für die Jugendlichen ausmachte. Darüber hinaus waren es natürlich auch die aus der Methode abgeleiteten Unterrichtsformen und Arbeitsweisen der Projektarbeit, die sich positiv für die Jugendlichen darstellten.

Die folgenden Ausführungen beruhen auf einer Befragung aller beteiligten Schüler und Studierenden. Befragt wurden 60 Schüler und 15 Studierende. Beteiligt waren zwei Gruppen des 11. Jahrgangs aus zwei Gesamtschulen und eine Kunstwahlgruppe des 10. Jahrgangs einer Realschule. Alle Ergebnisse wurden zusammengefasst. Es wurde eine Eingangs – und eine Endbefragung durchgeführt. Vertieft wurde dies durch begleitende Beobachtungen und einzelne Interviews. Ziel der Untersuchung ist die Definition von konsti-

---

2 Seymour Papert, geb. 1928, siehe: http://www.papert.org/ (20.3.08).

3 zit nach: F.J. Röll: Pädagogik der Navigation, unter:http://www.mediageneration.net/buch/mum/mum09.pdf(20.3.08).

4 Dieser Satz klingt absolut. Er beschreibt einen Zustand treffend, allerdings unabhängig von den konkreten schulischen Bedingungen. Lehrer sollten kein »schlechtes Gewissen« entwickeln, wenn sie unter curricularem Zeitdruck und dem Druck der Lernstandserhebungen und zu großen Klassen immer mehr Projektunterricht zurückschrauben müssen.

5 Die Kommende Brackel ist eine ehemalige Niederlassung des Deutschen Ritterordens in Dortmund. Nach der Auflösung des Deutschen Ritterordens im Jahre 1809 durch Napoleon fiel diese an den Großherzog von Berg und 1815 an Preußen. 1946 wurde die Kommende durch eine Schenkung an das Erzbistum Paderborn übertragen, welches hier 1949 ein Sozialinstitut einrichtete.

tuierenden Mappingelementen, die für einen befriedigenden und erfolgreichen Einsatz der Methode wichtig sind. Dargestellt werden zu Beginn grundsätzliche Probleme des Gesamtprozesses und einzelner Prozessabschnitte. Detaillierter wird dann auf die eingesetzten Medien und die Produktion eingegangen.

Offene Prozesse

Auf der Grundlage der Erfahrungen von »Mapping Brackel!« lassen sich in einem Mapping-Prozess an der Schule folgende Abschnitte definieren:

- Festlegung des Rahmenthemas (sofern ein solches gewünscht ist)
- Festlegen der Prozessdokumentation
- Erkundung des Ortes
- Individuelle Themenfindung der Beteiligten
- Festlegung der zu verwendenden Medien
- Zusammenfassung der Themen und Zwischenbesprechung
- Reflexionsphasen
- Produktion
- Präsentation

Die Auflistung suggeriert einen linearen Prozessablauf. Dem ist natürlich nicht so. Außer dem Beginn und der Endpräsentation überschneiden und bedingen sich die Prozessabschnitte permanent. Das ist selbstverständlich, wenn

Tab. 1: **Waren für dich die Ziele des Projektes und die einzelnen Schritte transparent?**

Nennung	**Anteil**
vollständig	5,6 %
	25,9 %
	55,6 %
	11,1 %
	0,0 %
überhaupt nicht	1,9 %
Anteil	100 %

man die einzelnen Beteiligten und deren Fortschritte betrachtet, gilt aber ebenso für die Gruppenprozesse. Nimmt man z. B. Abschnitte Ortserkundung / Themenfestlegung / Medienwahl, so werden spontan die Verschränkungen deutlich. Die Studentin Frau Olendorf beschreibt in ihrem Beitrag eindrucksvoll die Interdependenz des Entscheidungsprozesses zur Themen – und Medienfindung.[6] Ein guter Mapping-Prozess ist durchlässig und reversibel. Die Aufgabe der Lehrenden in diesem Zusammenhang ist, den Prozess trotz der Offenheit zu strukturieren.

Für über 87 % der beteiligten Schüler waren die Prozesse überwiegend transparent. Mir erscheint das sehr wichtig, weil sich darin ein Verständnis von Prozesssteuerung zeigt, welches wenig mit einer Dompteursmentalität der Lehrer zu tun hat. Lehrer und Schüler müssen es in Kauf nehmen, wenn manches nicht so glatt läuft. In der offenen Kommunikation können die entstandenen Probleme analysiert und beseitigt werden. Der konkrete Diskussionsprozess stellt die notwendige Transparenz her. Kreative Prozesse können nicht nach allen Seiten abgesichert verlaufen. Erst die reale Möglichkeit zum Experiment generiert den Mut zur Nonlinearität. Transparente Prozesse stärken die Identifikation aller Schüler mit dem Projekt und motivieren sie, sich für ein positives Gruppenergebnis einzusetzen.

In Korrelation zur Prozesstransparenz steht die subjektiv empfundene Entscheidungsfreiheit. Auch hier haben 85 % der Schüler den Eindruck einer relativen Freiheit (Tab. 2). Kennzeichnend war ein hohes Maß an Selbstbestimmung auf allen Ebenen mit der Folge, dass ein Großteil der Beteiligten auch

[6] Interessant ist hier auch der Vergleich Beschreibung der Entscheidungsfindung mit der Wahrnehmung desselben Prozesses durch die Lehrbeauftragte Frau Tewes (vgl. deren Beitrag, S. 69).

Tab. 2: **Wie frei konntest du während des Projektes entscheiden?**

Nennung	Anteil
alles	22,6 %
	47,2 %
	15,1 %
	7,6 %
	5,7 %
ganz wenig	1,9 %
Anteil	100 %

außerhalb der Schule für das Thema aktiv war. Nur ganz wenige Schüler haben nur im Unterricht gearbeitet, was auf eine hohe Motivation der Gruppen schließen lässt. 40% der Schüler haben sich auch am Wochenende mit ihrem Thema beschäftigt und erstaunlich hoch ist die Anzahl derer, die auch die Ferien genutzt haben (Tab. 3[7]).

Die starke außerunterrichtliche Aktivität ist besonders positiv zu bewerten, da der Kunstunterricht auch im Bewusstsein der Schüler zunehmend an Wichtigkeit verliert. Durch die Projektarbeit und die Mapping-Methode hat der Kunstunterricht eine subjektive Bedeutungsaufwertung für die Jugendlichen erhalten.

Identifikation, Motivation und Engagement sind Grundfaktoren eines erfolgreichen Mapping-Projekts. Dem Mapping immanent ist die Notwendigkeit dieser selbstständigen Arbeitsweise, die dann auch zu qualitativ hochwertigen Ergebnissen führt. Ein erstes wesentliches Gestaltungskriterium für ein Mapping-Projekt ist demnach der Grad der Selbstorganisation der Schüler.[8]

Lernzuwächse und Spaßfaktor

Die Qualität eines Projektes im schulischen Zusammenhang ist nicht nur von der Meisterung der Methoden des selbstständigen Lernens abhängig. Das hieße, die Inhalte zu negieren, weil Methoden ohne interessante Inhalte leer sind. Gelernt werden Inhalte und Methoden, und aus dem spannungsvollen Verhältnis beider Pole leitet sich eine starke Motivation ab. Fragt man also

[7] Bei dieser und allen folgenden Tabellen war eine Mehrfachnennung möglich.

[8] Dies ist natürlich von der Altersstufe abhängig.

Tab. 3: **Wo und wann hast du für das Projekt gearbeitet?**

Nennung	Anteil
Nur im Unterricht	17,0%
Im Unterricht und zu Hause	75,5%
Auch am Wochenende	45,3%
Auch in den Ferien	20,8%
Immer wenn ich frei hatte	17,0%
Anteil	**175,5%**

nach Lernzuwächsen, so ist damit auch immer die Frage nach Inhalt und Methode gestellt. Für Schüler bilden beide Seiten meist eine Einheit, weshalb der Zusammenhang zwischen qualitativ hochwertigen Ergebnissen und subjektiven Lernzuwächsen bei den Schülern im Mittelpunkt des folgenden Kapitels steht.

In vielen Gesprächen wurde deutlich, dass fast alle Schüler der Ansicht waren, dass das Projekt ihnen neue Sichtweisen auf ihre Umgebung ermöglicht hat und sie sich neue Arbeitsmethoden erschlossen haben. Zitiert sei hier beispielhaft die Abschlusseinschätzung einer Schülerin:

»Dass man Dinge mit anderen Augen betrachten und untersuchen kann. Dass man frei arbeiten kann.«[9] Von fast 90% der Schüler werden ähnliche Einschätzungen formuliert.

Spass an neuen Sichtweisen von Alltagssituationen ist eine Spielart der Lust am Experiment und wo, wenn nicht in der Kunst, sollte experimentieren möglich sein. Die Entkonventionalisierung von Alltagssituationen und Ent-

[9] Endbefragung Frage 15, Antwort Nr. 44.

Tab. 4: **Was hast du gelernt?**

Nennung	Anteil
• Gar nichts	15,1%
• Das meiste kannte ich schon.	20,8%
• Im Kunstunterricht soll man sich mit Kunst beschäftigen und nicht mit Orten.	5,7%
• Zuerst war nur hier alles sehr fremd. Jetzt weiß ich mehr.	37,7%
• Ich habe mir in dem Projekt neue Methoden erschlossen und mll neuen Medien gearbeitet.	22,6%
• Die Melhode »mapplng« hat meinen Gesichtskreis erweitert.	28,3%
• Ich habe für mich persönlich neue Fragestellungen entdeckt.	7,6%
• Ich habe einen Weg gefunden, mich neu auszudrücken.	20,8%
Anteil	158,5%

wicklung von Aktionsformen, die dieser neuen Sichtweise angemessen sind, verbindet Inhalt und Methode und legt damit die Grundlage für ein erfolgreiches Arbeiten.

Die Frage nach dem subjektiv empfundenen Lernzuwachs (Tab. 4) spiegelt eigentlich die Wertigkeit des Projektes. 37 % hatten zu Beginn das Gefühl der Fremdheit. Das ist ein Reflex des geringen Verbreitungsgrades der Methode. Dieses Gefühl blieb nicht. Es wurde ein starker subjektiver Lernzuwachs empfunden. Für fast alle Beteiligten war das Thema offensichtlich im Kunstunterricht richtig verortet, wie den Antworten zu Item drei unschwer zu entnehmen ist. 70 % der Schüler haben sich mit dem Projekt neue Methoden erschlossen und ihren Gesichtskreis erweitert, ebenso haben sie Wege gefunden, neue Ausdrucksweisen für sich zu definieren. Offensichtlich war das Projekt kein ödes Abarbeiten von vorgegebenen Themen, sondern beinhaltet ein hohes Maß an Erkenntnismöglichkeiten sowohl an der Sache, als auch in der Methodik und der medialen Kompetenzerweiterung. Nur 7,6 % geben an, neue Fragestellungen für sich entdeckt zu haben. Dies ist erstaunlich, da über 70 % (aufsummiert) sich neue Methoden, neue mediale Kompetenzen und neue Ausdruckswege erschlossen haben. Die Zahl deutet darauf hin, dass die Lernerfahrung an den konkreten Dingen festgemacht wird und Schule trotz Projekt eben Schule bleibt. Insofern ist das Ergebnis erklärbar, ändert aber nichts an dem offensichtlich hohen Erkenntnispotenzial, welches in der Methode Mapping immanent vorhanden ist.
Interessant ist in diesem Zusammenhang, dass zwischen den drei beteiligten Schulen trotz unterschiedlicher Konzepte und Bedingungen kein wesentlicher Unterschied in der Beurteilung durch die Schüler festzustellen war. Es muss also eine lehrerunabhängige Lernerfahrung in dieser Projektarbeit vorhanden gewesen sein.

Ein Projektprozess ist kein homogener Komplex. Zugangsschwierigkeiten, Absagen, Unklarheiten über den Wegverlauf usw. wollen gemeistert werden. Uns interessierte deshalb das subjektive Empfinden der Schüler zu den einzelnen Bereichen, damit wir pädagogisch notwendige Interventionspunkte herausfinden konnten. Hierzu haben wir den Jugendlichen drei Fragen gestellt:

- Welche Arbeitsschritte fielen dir leicht?
- Welche Arbeitsschritte fielen dir schwer?
- Welche Arbeitsschritte machten dir am meisten Spaß?

Am meisten Spaß hatten die Jugendlichen an der Erkundung des Ortes (53%), an der Zusammenstellung der Medien (26%) und der Produktion (24%). Erwartungsgemäß war die Dokumentation unbeliebt (3,7%). In Korrelation zum Spaßfaktor ist die Selbsteinschätzung der Meisterung der verschiedenen Arbeitsschritte zu sehen. So fiel es offensichtlich allen Jugendlichen leicht, eine Erkundung des Ortes vorzunehmen, auch die Produktion sowie die Vorbereitung der Präsentation waren offensichtlich nicht mit größeren Schwierigkeiten verbunden. Ganz anders wird die Themenfindung beurteilt. Über 30% gaben an, dass dieser Prozessabschnitt ihnen am schwersten von allen fiel. »Irgendwie habe ich mich da durchgebissen«, meinte ein Schüler stolz im Gespräch. Schwierige Arbeitsschritte bewältigt und kreative Lösungen gefunden zu haben, ist für Schüler eine wichtige Erfahrung, die dem Trend, immer in mundgerechten Wissenshäppchen zu arbeiten, entgegengesetzt ist und die im Kern in jedem längerfristig angelegten Projekt angelegt ist.

Komplexe, vielschichtige Arbeitsweisen motivieren Schüler, mehr Engagement zu entwickeln. Eindimensionale und lineare Lernprozesse, die auf behavoristische Verhaltensänderung zielen, können nicht für sich beanspruchen, die Jugendlichen in ihrer gesamten Persönlichkeit zu fordern. Sie sind deshalb nur für bestimmte Lernprozesse[10] sinnvoll. Dem Lernen in einem Mapping-Projekt sind sie diametral entgegengesetzt.

10 Zu nennen wären hier z.B. Lehrgänge zur Vermittlung bestimmter Fertigkeiten.

Themenfindung – oder die Entkonventionalisierung des Blicks

Warum ist eigentlich die Themenfindung so schwierig? Viele Schüler haben sich diese Frage schon verzweifelt gestellt und viele Lehrer viel pädagogisches Geschick investiert. Kinder vor der Pubertät finden ihre Themen meist in kürzeren und nicht so quälend empfundenen Zeiträumen. Später hingegen wachsen die Selbstzweifel an den eigenen gestalterischen Fähigkeiten, wie Constanze Kirchner[11] treffend herausgestellt hat. Die Differenz zwischen den eigenen Fähigkeiten und den eigenen perfektionistischen Ansprüchen macht es Schülern schwer, sich für ein Thema zu entscheiden. Die Differenzerfahrung wird seit der stürmischen Entwicklung der digitalen Bildverarbeitung zunehmend prägen. Kinder und Jugendliche sind immer mehr von »perfekten« Bildern umgeben. Wie bereits 2001 festgestellt[12], forciert die digitale Entwicklung eine Standardisierung der bildsprachlichen Mittel. Ein unreflektiertes Umgehen damit kann zu einer Differenzerfahrung führen, welche von Jugendlichen durch die Beschäftigung mit den Programmen kompen-

11 vgl. Constanze Kirchner: Ästhetische Bildung und Identität, München 2006.

12 Rudolf Preuss: Perfekter Illusionismus – perfekte Virtualität, Log-In 118/119

Tab. 5: **Fandest du die Themenfindung schwierig?**

Nennung	Anteil
a) Ja, weil mir das Immer schwer fallt.	5,1 %
b) Ja, weil man sich das nicht so richtig vorstellen kann.	23,7 %
c) Ja, weil es so viele Auswahlmöglichkeiten gab.	40,7 %
d) Ja, weil die Anforderungen so hoch sind.	3,4 %
e) Nein, weil ich mich spontan entscheiden kann.	25,4 %
f) Nein, weil ich wahrend des Arbeitens mich noch umentscheiden kann.	15,3 %
g) Nein, weil es so viele Auswahlmöglichkeiten gab.	8,5 %
h) Nein, mir war sofort klar, was ich machen will.	23,7 %
Anteil	145,8 %

siert wird und zu einer Abkehr von »händisch« gestalteten Bildern führt. Es verwundert deshalb nicht, wenn 96 % der hier befragten Jugendlichen die Fotografie als Medium spontan bevorzugen.[13]

Wird das Werk auch noch in der Öffentlichkeit präsentiert, kann der Anspruch besonders hoch werden, weil die Jugendlichen ihre ganze Persönlichkeit mit dem präsentierten Werk verbinde.

40 % fanden die Überfülle des Angebots schwierig und 23,7 % konnten sich die Arbeit nicht richtig vorstellen (Tab. 5). Das korreliert mit den Ergebnissen der Frage nach den Lernzuwächsen. Die Fremdheit einer Methode produziert Entscheidungsunsicherheit und die Angebotsfülle generiert nicht einfach mehr Möglichkeiten, sondern Unsicherheit. Ein Viertel der Befragten konnte sich spontan entscheiden und 23,7 % wussten sofort, was sie machen wollten. Interessant sind die Antwortkombinationen. So wird häufig der Punkt »b« und »c« gekoppelt und »e« mit »f«. D. h. die Entscheidungsfreudigeren fühlen sich durch den offenen Prozess bestärkt, die eher Entscheidungsschwächeren fühlen sich durch die offene Projektstruktur verunsichert.

[13] Es kommen noch weitere Aspekte, wie das Freizeitverhalten usw. dazu.

Diejenigen, denen sofort klar war, was sie machen wollten, bildeten eine relativ abgeschlossene Gruppe und hatten nur wenig Kombinationen mit anderen Antworten.

Vergleicht man die Antworten der Schüler mit denen der Studierenden, so ergibt sich folgendes Bild:

Tab. 6: **Fiel Ihnen die Themenfindung schwer?**

Nennung	Anteil
Ja, weil mir das Immer schwer fallt.	7,1 %
Ja, weil man sich das nicht so richtig vorstellen kann.	7,1 %
Ja, weil es so viele Auswahlmöglichkeiten gab.	7,1 %
Ja, weil die Anforderungen so hoch sind.	0,0 %
Nein, weil ich mich spontan entscheiden kann.	35,7 %
Nein, weil ich während des Arbeitens mich noch umentscheiden kann.	35,7 %
Nein, weil es so viele Auswahlmöglichkeiten gab.	42,9 %
Nein, mir war sofort klar. was ich machen will.	28,6 %
Anteil	164,3 %

Ganz offensichtlich ist die Themenfindung ein Problem der persönlichen Souveränität und der zunehmenden Professionalität. Dies bestätigt die Eingangsthese und lässt Rückschlüsse auf notwendige Hilfestellungen bei der Arbeit mit Jugendlichen zu. Tabelle 6 macht eindrucksvoll deutlich, dass für die größte Anzahl der Kunststudenten die Themenfindung in diesem Projekt keine Schwierigkeit darstellte. Jugendliche sind nicht per se experimentierfreudig. Oft fehlt ihnen der Mut oder auch die Erfahrung, Strategien für Neues zu entwickeln und sie bleiben in bekannten Bahnen. Es sollten deshalb Hilfestellungen organisiert werden, die die Jugendlichen ermuntern, bisher nicht beachtete Wege zu gehen. Gelingt dies, so darf mit einem starken Engagement der Jugendlichen gerechnet werden.

Im vorliegenden Fall hatte die Lehrerin den Stadtplan von Brackel in kleine Teile zerschnitten und die Einzelteile in der Klasse verlost. Die Schüler bekamen dann die Aufgabe, diese Orte aufzusuchen und ihre Beobachtungen zu notieren. Das unten aufgeführte Beispiel (Abb. 2) dokumentiert den Wahrnehmungsprozess. Deutlich wird, dass die Konfrontation mit einem fremden Ort, der aber in seiner Normalität vertraut erscheint, zu Ratlosigkeit und Unsicherheit geführt hat. Über die emotionale Farbsymbolik entstand eine Fokussierung auf die soziale Ausstrahlung der Straße. Das Empfinden der Leere

Abb. 2

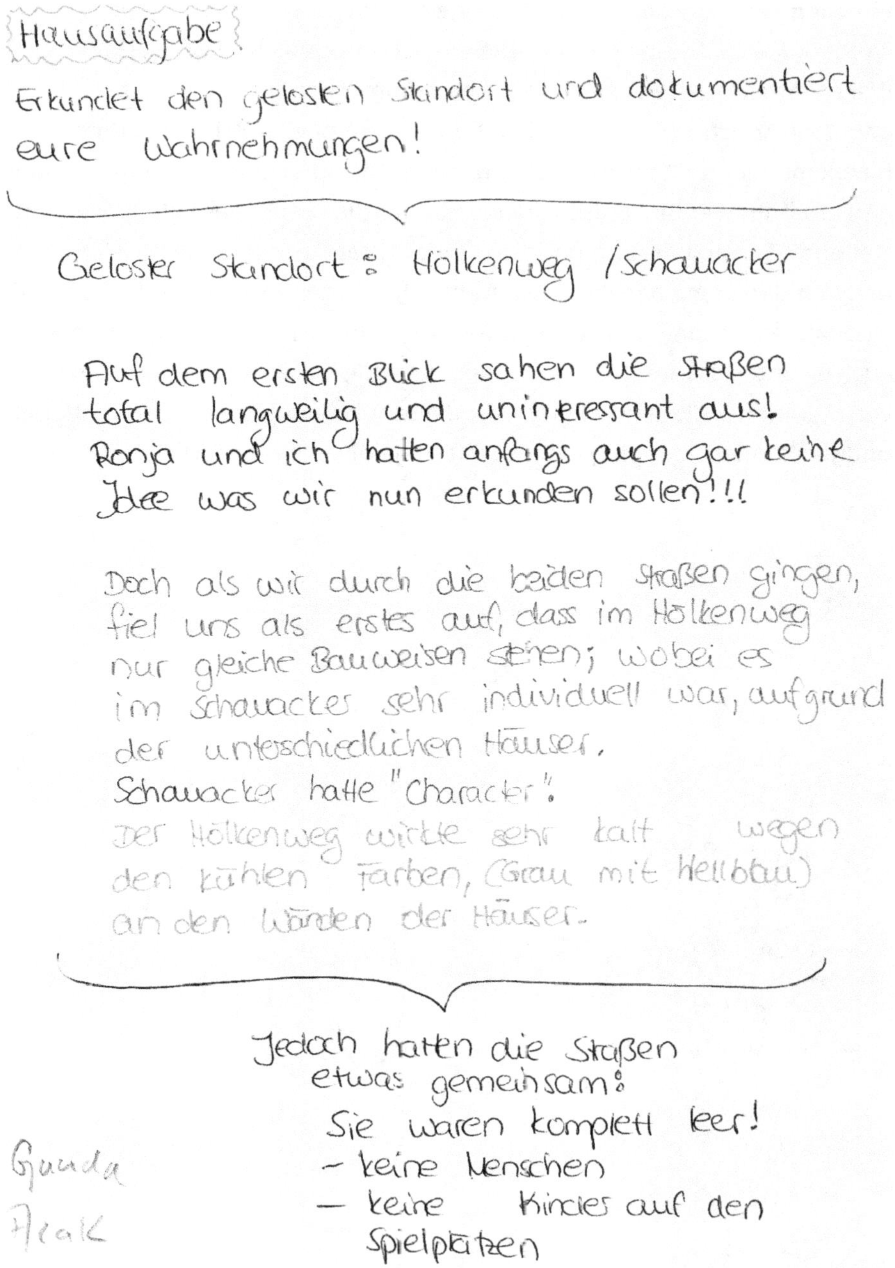

{Hausaufgabe}
Erkundet den gelosten Standort und dokumentiert eure Wahrnehmungen!

Geloster Standort: Hölkenweg / Schauacker

Auf dem ersten Blick sahen die Staßen total langweilig und uninteressant aus! Ronja und ich hatten anfangs auch gar keine Idee was wir nun erkunden sollen!!!

Doch als wir durch die beiden Straßen gingen, fiel uns als erstes auf, dass im Hölkenweg nur gleiche Bauweisen stehen; wobei es im Schauacker sehr individuell war, aufgrund der unterschiedlichen Häuser.
Schauacker hatte "Character".
Der Hölkenweg wirkte sehr kalt wegen den kühlen Farben (Grau mit Hellblau) an den Wänden der Häuser.

Jedoch hatten die Straßen etwas gemeinsam:
Sie waren komplett leer!
– keine Menschen
– keine Kinder auf den Spielplätzen

Gouda
Peak

entstand, nachdem die Jugendlichen einen Verunsicherungsprozess durchlaufen hatten. Durch eine für sie unkonventionelle Tätigkeit, sich in eine »normale Straße« vertiefen zu müssen, erschlossen sie sich eine neue Wahrnehmung.

Aufgabenstellung: Mache einen »stillen Spaziergang durch Brackel« (Abb. 3). Dokumentiert wird von der Schülerin eine ganze Reihe von akustischen und visuellen Signalen, die vermutlich ohne die Aufgabenstellung nicht realisiert worden wären. Die beiden Beispiele machen deutlich, dass Mapping eine Wahrnehmungsbereitschaft erfahrbarer räumlicher Zustände intendiert und damit die Konstruktionsmöglichkeit unkonventioneller Arbeiten eröffnet.

Man kann hier noch nicht von Grenzerfahrung sprechen, da Alltagssituationen erfahren werden. Entscheidend ist aber die durch diese Methoden entstehende Sensibilisierung und Offenheit Zuständen gegenüber. Leicht können sich daraus auch reale Grenzerfahrungen ergeben. In Brackel gibt es z. B. eine alte englische Kaserne, die unbewohnt vor sich hindämmert, sicherlich auch ein interessantes Mappingobjekt darstellt, in der aber Gefahren in Form von Munitionskellern usw. lauern, die die Schüler in grenzwertige Situationen bringen können. Mapping arbeitet mit subjektiven liminalen Feldern.[14] Deren

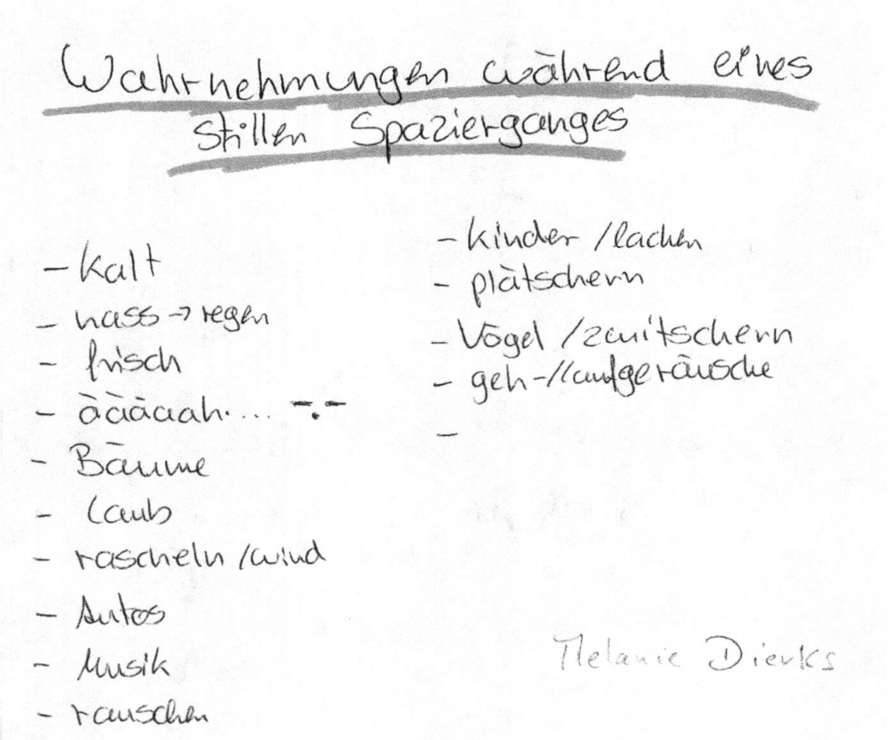

14 Der Begriff der liminalen Felder ist aus der Theorie des Intermedialen abgeleitet. Vgl: Hans Breder: Enacting the Liminal, Norderstedt 2005. Klaus Peter Busse: Vom Bild zum Ort, Norderstedt 2007. Rudolf Preuss: Intermediale Lern – und Lehrsituationen, in: B. Kovermann (Hg), Fachdidaktik und allgemeine Didaktik in der Dortmunder Theorie Praxis Konzeption, Dortmund 2006.
In Zusammenhang mit Mapping ist die Auseinandersetzung mit Orten gemeint, aus der Arbeiten entstehen, die gesellschaftliche oder individuelle Grenzen inszenieren. Durch die Überschreitung des bereits Bekannten entsteht eine Offenheit neuen Gestaltungsmöglichkeiten gegenüber.

Abb. 3

Erkundung und Bearbeitung ist für Studierende des Faches Kunst Bestandteil der Ausbildung, für Jugendliche dagegen häufig noch Neuland und somit erklären sich auch die Schwierigkeiten bei der Themenfindung. Der Prozess der Entkonventionalisierung und die Möglichkeit der Themenfindung bedingen sich gegenseitig und müssen in Zusammenhängen mit Jugendlichen organisiert werden. Je besser es gelingt, die Jugendlichen zu einer intensiven Auseinandersetzung mit liminalen Feldern zu bewegen, desto qualitätsvoller werden die Themen und Arbeiten ausfallen. Liminale Felder entstehen bei der Ausreizung der Grenzen eines Mediums und bei Überschreiten derselben. Sie entstehen aber auch in Zusammenhang mit Inhalten. Liminale Felder können beim Mapping sehr schnell erwachsen, da man häufig mit Heterotopien arbeitet und Situationen entstehen können, die weit über das konventionelle Umgehen mit Menschen oder Örtlichkeiten hinausgehen. Die Betreuer sollten diesen Gesichtspunkt bei der Projektgestaltung beachten, damit keine gesellschaftlichen Konflikte entstehen können.

Mapping arbeitet mit Heterotopien

Ein Ort kann ganz unterschiedlich betrachtet werden. Ein Ort ist nicht singulär und kaum eindeutig definierbar, auch wenn er eine eindeutige Koordinate auf der Landkarte ist. Der Ort wird definiert durch die existierende Hardware in Form von Gebäuden, Straßen und so weiter und den Beziehungen der Bewohner, der ansässigen Institutionen, den Grenzen und von den gesellschaftlichen Strukturen, die von außen auf einen Ort einwirken. Michel Foucault[15] hat mit seinem Konzept der Heterotopien die Möglichkeit eröffnet, eine Vielzahl von Orten an einem identischen geografischen Ort zu identifizieren. Er versteht darunter, im Gegensatz zu einer Utopie, die Heterotopie als wirksamen und real existierenden Ort, in dem sich das Bestreben nach Realisierung von Utopien ausdrückt. Eine Heterotopie entsteht in einem Ort, dem von der Gesellschaft oder einer Gruppe eine spezifische Funktion zugeschrieben wird, aus der bestimmte Verhaltensregeln abgeleitet werden und diese nicht allein aus der topografischen Lage des Ortes generiert werden können. Das Verständnis für eine Heterotopie erschließt sich erst aus den Zusammenhängen, in denen Ort gebraucht wird. Eine Heterotopie beschreibt unterschiedliche Gebrauchsformen eines geografischen Ortes, Räume, die konkurrieren, die ohne Ort nicht existent sein können aber allein nicht durch diesen definiert werden. Heterotopien sind temporäre Räume, deren Regeln nur solange herrschen wie sie befolgt werden. Der Regelbruch führt zum Verschwin-

[15] Michel Foucault: Andere Räume. In: Barch et.al (Hg): Aisthesis. Wahrnehmung heute oder Perspektiven einer anderen Ästhetik, Leipzig 1990.
Michel Foucault: Die Heterotopien. Der utopische Körper, Frankfurt 2005.

den einer Heterotopie. Fällt deren Funktion weg, so löst sich die Heterotopie auf oder passt sich neuen Strukturen an. Wenn also z. B. in Brackel Hunderte Jugendliche Samstagnacht den Kirchenvorplatz und die sich davor befindende Straße besetzen, so schaffen sie sich eine Heterotopie, die allerdings von anderen Gesellschaftsmitgliedern völlig unterschiedlich interpretiert wird. Durch die Interventionen von Polizisten und Sozialarbeitern wird versucht, einen Bruch in den Verhaltensregeln, die dieser Heterotopie zugrunde liegen, herbeizuführen und damit das Phänomen aufzulösen.

Mapping ist eine Methode, um Heterotopien zu entdecken, zu erforschen und zu präsentieren. In dem vorliegenden Beispiel schaffen sich Jugendliche einen selbstbestimmten Freiraum für einen bestimmten Zeitraum, der die unterschiedlichen, gleichzeitig existenten Räume in Brackel stark beeinflusst hat. Viele Menschen suchten sich Samstagnacht einen alternativen Nachhauseweg, die Zeitungen waren voll von Rufen nach der Polizei, ja, es wurde sogar die Einführung einer Bürgerwehr diskutiert, und dies alles nur, weil ein Lokal das Bier für einen Euro verkaufte und den Jugendlichen damit ermöglichte, eine Situation (das Trinken auf der Straße) herzustellen, wie sie z. B. in der Düsseldorfer Altstadt zu weit höheren Preisen alltäglich ist. Eine der Schülerarbeiten beschäftigt sich genau mit dieser Situation vor der Brackeler Kirche. In vier Tafeln werden unterschiedliche Funktionen dieses Platzes analysiert und vorgestellt. Die Heterotopie »jugendlicher Freiraum« wird eingeordnet in andere überlagernde Raumfunktionen des geografischen Ortes. Die Arbeit macht eine mehrdimensionale Wahrnehmung deutlich und damit auch das Potenzial, welches beim Mapping entsteht. Das Suchen und das Finden von Heterotopien ist ein wesentlicher Bestandteil des Mapping-Prozesses. Die konkrete Auseinandersetzung mit einem solchen Denkmodell erweitert das Wahrnehmungsvermögen der Schüler. Einmal sensibilisiert kann ein geografischer Ort nicht mehr nur als eindimensionaler Ort wahrgenommen werden. Die Realisierung der temporären und semantischen Überlagerungen vervollständigt somit ein Repertoire der Raumwahrnehmung, welches für eine differenzierte Beobachtung notwendig ist. Raumwahrnehmung ist die Grundlage für die Entwicklung von Raumkompetenz. Der Begriff wird in erster Linie von Raumausstattern zum Anpreisen ihrer Leistungen verwendet. Er findet sich natürlich auch in den Lehrplänen zum Geografieunterricht. Dort werden unter Raumkompetenz in erster Linie die Techniken zur Erschließung eines Raumes verstanden. In den Geisteswissenschaften wird mit dem »spatial turn« eine »Verräumlichung« der geisteswissenschaftlichen Disziplinen festgestellt.[16] Von den Geografen kritisiert »räumeln« die unter-

[16] http://www.mediengeographie.de/pdf/Geocode-Tagung.pdf (4.4.08).

[17] Jörg Döring / Tristan Thielmann (Hg): Spatial Turn. Das Raumparadigma in den Kultur- und Sozialwissenschaften, März 2008.

schiedlichen Fächer mehr oder weniger legitimiert. Von einem neuen Raumparadigma wird gesprochen, welches das Paradigma der Zeit ablösen soll.[17] Mapping geht nicht so weit. Es ist nur eine Methode unter vielen im Kunstunterricht, ermöglicht aber den Zugriff auf Räume und sollte auch nur in diesem Zusammenhang gebraucht werden. Raumkompetenz ist eine zu entwickelnde Fähigkeit, die die räumliche, temporäre und soziale Wahrnehmungsdifferenzierung als eine wichtige soziale und ästhetische Kompetenz definiert. Raumkompetenz lässt sich im Zusammenhang mit der Kunstdidaktik definieren als Raumästhetik, die folgende Komponenten enthält:

- Erschließung der geografischen Dimensionen
- Realisierung der sozialen und gesellschaftlichen Funktion eines Raumes
- Realisierung der temporären und semantischen Funktion eines Raumes
- Realisierung der Grenzen gegenüber anderen Räumen
- Realisierung der Durchlässigkeit von Räumen

Ein Mapping-Projekt hat immer einen konkreten Raum zum Gegenstand. In jedem beliebigen Raum lassen sich heterotopische Strukturen finden und erforschen, somit ist jedem Mapping-Projekt die Erfahrung von heterotopischen Räumen immanent. Die Entwicklung von Raumkompetenz stellt ein wesentliches Lernziel eines Mapping-Projekts dar, da Raumkompetenz weit über ein konkretes Projekt hinaus zur Entwicklung von Partizipationsfähigkeit der Jugendlichen durch Steigerung der Wahrnehmungsfähigkeit beiträgt.

Die beiden folgenden Arbeitsblätter (Abb. 4 und Abb. 5) aus der Geschwister-Scholl Gesamtschule schulen den Blick für Orte, sie fokussieren auf die Wahrnehmung von unterschiedlichen, mehrdimensionalen Eigenschaften von Orten.
In Station II sollen die Jugendlichen die Bewohner eines fiktiven Ortes definieren, letztlich wird jedoch über die Eigenschaftszuweisung an die Menschen der Ort definiert. Damit wird eine wesentliche Eigenschaft von Heterotopien gefunden: In ihnen gelten bestimmte Regeln. Die Belegung mit Eigenschaften generiert einen Ort. Im didaktischen Umkehrschluss muss man dann, beim Suchen nach den bestimmten Belegungen eines Ortes durch die Menschen suchen, um einen bestimmten Ort zu finden. Entsprechend ist Station III angelegt. Die Schüler suchen nach verbindenden Eigenschaften zwischen

STATION II

„Leben lernen heißt am Ort sein lernen!"

P. Sloterdijks

Wenn ihr nach dem sucht, was einen Ort ausmacht, fragt nach dem Leben dort.

Stellt euch vor, ihr seid Autor fiktiver[1] Geschichten, wie es J.K. Rowling (Harry Potter) oder T. R. Tolkin (Herr der Ringe) sind und wollt eine neue, eigene Welt erfinden.

Vor dem Schreiben müsst Ihr euch für diese Welt überlegen

- **WIE** die Menschen/Wesen...
  - miteinander
  - in Gemeinschaft

- **WAS** die Menschen/Wesen...
  - verwandeln sich
  - Menschen, Wesen (Gummibären, Spongebob)
  - Sie können bauen

- **WARUM** die Menschen/Wesen...
  - weil sie Spaß dran haben
  - Um andere Dinge zu erleben

- **WOMIT** die Menschen/Wesen...
  - mit einem Finger schnipsen und den Gedanken

- **WO** die Menschen
  - In einer Welt in der sich die Menschen zu irgendwelchen Dingen verwandeln können

---
[1] Fiktiv= ausgedacht; nicht real

Abb. 4

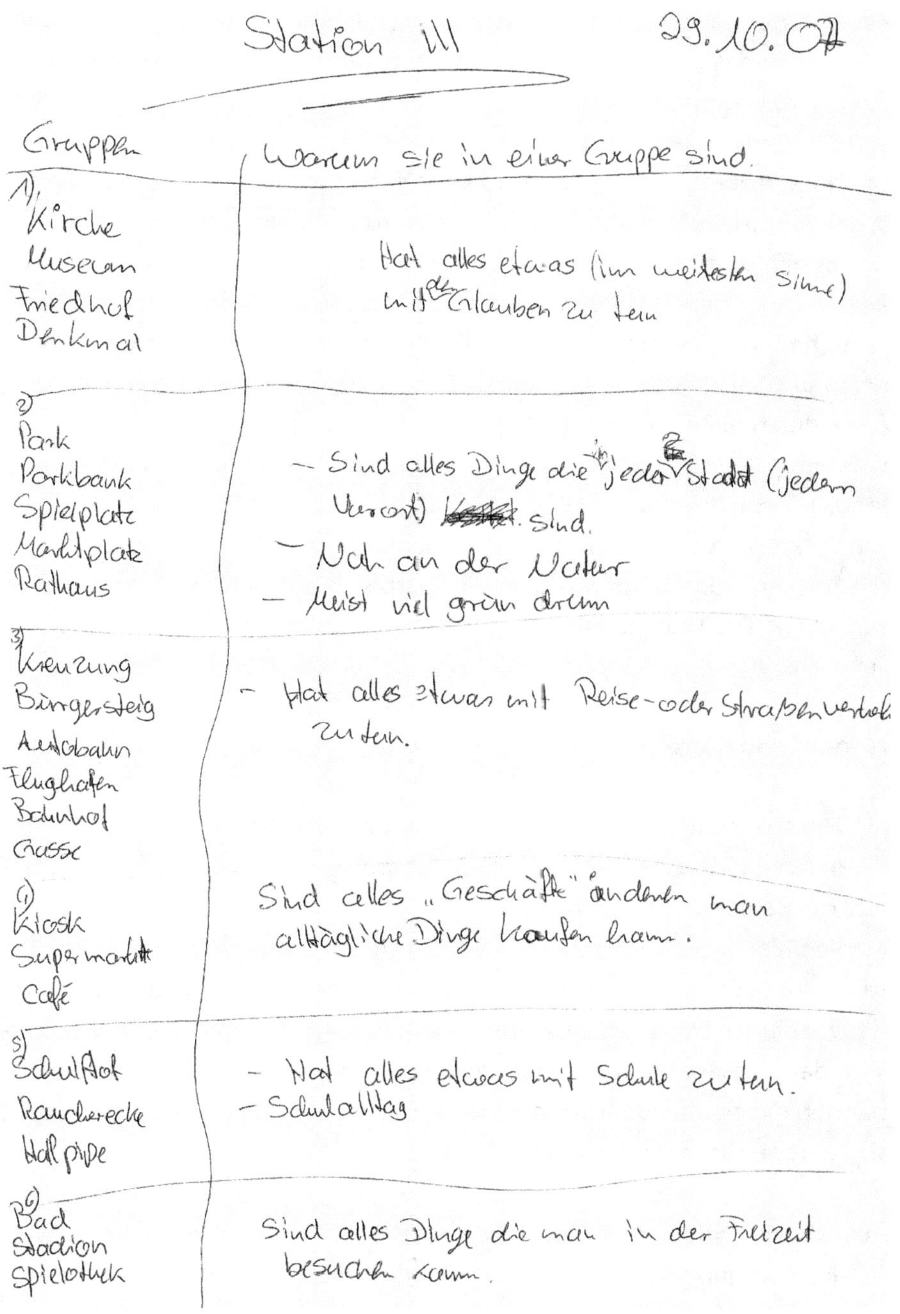

Station III   29.10.07

Gruppen	Warum sie in einer Gruppe sind.
1) Kirche, Museum, Friedhof, Denkmal	Hat alles etwas (im weitesten Sinne) mit Glauben zu tun
2) Park, Parkbank, Spielplatz, Marktplatz, Rathaus	– Sind alles Dinge die in jeder Stadt (jedem Verort) sind. – Nah an der Natur – Meist viel grün drum
3) Kreuzung, Bürgersteig, Autobahn, Flughafen, Bahnhof, Gasse	– Hat alles etwas mit Reise- oder Straßenverkehr zu tun.
4) Kiosk, Supermarkt, Café	Sind alles „Geschäfte" in denen man alltägliche Dinge kaufen kann.
5) Schulhof, Raucherecke, Half pipe	– Hat alles etwas mit Schule zu tun. – Schulalltag
6) Bad, Stadion, Spielothek	Sind alles Dinge die man in der Freizeit besuchen kann.

Abb. 5

realen Orten und fragen damit wiederum nach den Bedeutungszuweisungen und den Verhaltensregeln. Durch die beiden Arbeitsblätter wird der Fokus auf eine genaue Beobachtung von Belegungsstrukturen von Orten gesetzt. Intendiert ist offensichtlich auch die Übertragung einer Fiktion auf eine Methode des Mappings mit dem Ziel, bei den Schülern eine innere Bereitschaft für das Suchen und Finden von Heterotopien auszulösen.

Dieses differenzierte Vorgehen hat einen wichtigen Stellenwert im Mapping-Prozess. Man kann nicht davon ausgehen, dass Jugendliche spontan heterotopische Strukturen reflektieren. Selbstverständlich werden sie solche kennen und auch inhaltlich beschreiben, nicht jedoch als Struktur erkennen, weil diese durch die erlebten Inhalte überdeckt wird. Schüler müssen an die Arbeit mit Heterotopien herangeführt werden. Das wesentliche Mittel ist hierfür die Sensibilisierung der Wahrnehmung.

Die Entkonventionalisierung der Wahrnehmung ist somit eng gekoppelt an die kognitive und emotionale Bereitschaft, sich auf Heterotopien einzulassen. Es gilt: Das Unbekannte lauert nicht im Verborgenen – es ist ganz offensichtlich.

Medien und Konzepte

Medien spielen für Jugendliche eine wichtige Rolle. Dies hat vielfältige Gründe, deren Bandbreite sich von jugendkulturellen Einflüssen bis hin zum Gefühl der Beherrschbarkeit spannt.

Medien, vor allem audiovisuelle Medien, produzieren durch ihre Vielfalt bei vielen Jugendlichen das »sampling«. Gemeint ist damit die Neudefinition von Gegenständen in neuen Zusammenhängen. Dadurch entstehen auf Grundlage der Medienerfahrung neue Weltaneignungsstrategien und damit verbunden die eigene Identität. Aus den hier nur angerissenen Gründen ergibt sich ein spezifisches Verhältnis zu Medien.[18]

Aus Tabelle 7 wird deutlich, dass die Beherrschbarkeit eines Mediums zu dessen Bevorzugung führt. Darin liegt natürlich die Gefahr, dass die Jugendlichen in gewohnten Bahnen verbleiben. Gerade wenn in einem Mapping-Prozess die Entkonventionalisierung eine zentrale Rolle spielt, muss auch die Bereitschaft der Jugendlichen, sich auf neue Medien einzulassen, verstärkt werden. Untermauert wird diese Aussage durch den geringen Prozentsatz von Jugendlichen, die neugierig auf ein neues Medium waren (3,6 %) Gering ist ebenfalls der subjektiv empfundene Einfluss der Lehrpersonen. Sehr hoch

18 Genaueres siehe: Franz Josef Röll: Mythen und Symbole in populären Medien, Frankfurt 1998, dort v.a. S. 409 ff. Dieter Baake: Jugend und Jugendkulturen, München 1993. SPoKK (Hg.): Jugend, Medien, Popkultur, Berlin 2003. www.spokk.de, www.jugendkulturen.de (17.4.08)

erscheinen mir die 16%, denen »nichts anderes eingefallen« ist. Ich interpretiere dies als eine pessimistische Variante von »Ich bleibe beim Bekannten!«, also auch hier das Festhalten am scheinbar Sicheren. Durch einen sensiblen Beratungsprozess, der Wert darauf legt, die Eigenverantwortlichkeit zu stärken, können die Jugendlichen an neue Medien herangeführt werden. Erfahrungsgemäß entdecken sie dann viele neue Aspekte und entwickeln eine hohe Motivation. In den Beratungen spielte die Diskussion über die Medien auch deshalb eine wichtige Rolle, weil viele Jugendliche von der Medienentscheidung auch das Konzept abhängig gemacht haben. Die Fragestellung war bei vielen nicht: »Was ist mein Konzept?« und »Welches Medium entspricht dem?«, sondern »Welches Medium gefällt mir?« und »Welches Konzept und Thema entwickle ich hierzu passend?«. Diese Umkehrung einer sinnvollen Entscheidungsstruktur ist ziemlich jugendtypisch und entspricht der oben skizzierten Haltung zu Medien. Anhand der Mediendebatte wurde also eine Debatte über das Konzept aufgerollt. Dabei sollte nicht Ziel der Beratung sein, die Jugendlichen von einem bekannten und geliebten Medium abzubringen. Dieses Bestreben führt oft zu Verweigerungshaltungen. Vielmehr bietet sich an, liminale Felder des Mediums zu erforschen und bekannte Medien mit neuen zu verbinden. Oftmals wird so ein Prozess angestoßen, der in einer grundsätzlichen Konzeptionsveränderung endet. An dieser Stelle war die Kombination zwischen einem Schulprojekt und einem universitären Projekt eine große Hilfe, weil die Studierenden in die Schulen gingen und dort ihre Konzepte und ihre Medien vorstellten und somit den Schülern plastisch eine praktische Alternative vor Augen stand.

Tab. 7: **Warum hast du dich für ein bestimmtes Medium entschieden?**

Nennung	Anteil
• Weil ich damit gut umgehen kann.	58,9%
• Weil es zu meinem Thema passt.	35,7%
• Das Medium ist neu für mich – ich will etwas lernen.	3,6%
• Weil mein/e Freund/in das auch macht.	10,7%
• Weil meine Lehrerin mir das vorgeschlagen hat.	8,9%
• Weil mir nichts anderes eingefallen ist.	16,1%
Anteil	133,9%

Vergleicht man die beiden Tabellen[20] (Tab. 8 und Tab. 9), so fallen mehrere Aspekte auf. Bis auf wenige Bereiche gibt es eine starke Kontinuität zwischen Planung und Realisierung, lediglich in den Bereichen Beschreibung, 3-D, Video und Stoff haben sich wesentliche Verschiebungen ergeben. Offensichtlich haben sich Schüler bestimmte Medien, die sie sich im Vorfeld nicht vorstellen konnten, wie 3-D und Stoff erschlossen und zusätzlich haben sich aus dem Projekt bei 32% noch neue Medien ergeben, die sie im Vorfeld überhaupt nicht absehen konnten. Fotografie und Zeichnungen sind die beliebtesten Medien in der Realisierung. Die Auswahl der Fotografie ist nicht weiter erstaunlich, weil sehr viele Jugendliche in ihrer Freizeit sich mit Fotografie beschäftigen. Der hohe Anteil von zeichnerischen Medien ist zurückzuführen auf das häufige Zeichnen im Unterricht, aber auch auf die Projekte der Studierenden, die die Schüler motivierten. Schwierigere Medien, wie zum Beispiel Video und Audio fielen ganz weg. Diese Medienkontinuität ist erstaunlich, weil sich sehr viele Projekte während der Realisierung noch veränderten. Bei genauer Betrachtung der beiden Tabellen lässt sich aber erkennen, dass sich die Bandbreite der Medien ganz offensichtlich vergrößert hat. Über 30% haben noch neue Medien hinzugenommen und haben offensichtlich die geplanten Medien mit neuen kombiniert. Tatsächlich besteht ein Großteil der Arbeiten aus einer Kombination verschiedener Medien, was die Multidimensionalität und die Aussagekraft der Arbeiten stärkt.

Tab. 8: **Mit welchen Medien willst Du Dein Projekt erstellen?**[19]

Nennung	Anteil
Zeichnung	51,7%
Malerei	21,7%
Fotographie	96,7%
Video	10,0%
Audio	6,7%
Beschreibung	35,0%
Collage	33,3%
3-D	6,7%
Stoff	1,7%
Plastik	1,7%
Anteil	265,0%

19 Das Item »Sonstiges« wurde mit 0% benannt und deshalb nicht ausgewiesen

Interessant wäre es jetzt, sich die Frage zu stellen, inwieweit das Erschließen von neuen Medien auch mit Projektänderungen korreliert. Im Vergleich der beiden Tabellen (Tab. 10 und Tab. 11) werden sehr starke Verschiebungen und Vorlieben deutlich. Fast 36 % haben sich ganz neue Aspekte erschlossen. Interessant ist, dass Themen wie Politik, soziale Probleme, Jugendprobleme und Arbeit kaum und Themen wie Kleidung und Essen nur eine untergeordnete Rolle spielen. Dies deutet eine grundsätzliche Interessenslage bei den Jugendlichen an. Verschiebungen haben stattgefunden in den Bereichen Jugendliche, Geschichte, Erwachsene, Senioren, Alltagsbeobachtungen und Autos. Relativ konstant blieben nur die Bereiche Architektur, Straßen und Einkaufen. Das Interesse an Senioren, Erwachsenen und Gleichaltrigen ist sehr stark zurückgegangen, eine Entwicklung, die nicht leicht zu interpretieren ist. Auf eine dementsprechende Frage antworteten einige Schüler, dass sie sich nicht getraut hätten, so nah an Menschen heranzutreten. Themen wie Straßen oder Architektur seien leichter zu bewältigen. Gleichzeitig wird aber in der Arbeiten deutlich, dass durchaus Menschen eine große Rolle spielen. Es liegt daher die Vermutung nahe, dass sich das Verständnis der Begriffe verändert hat. Wenn z. B. ursprünglich mit Architektur eben nur die Häuser gemeint waren, so werden nach dem Mapping die Häuser und die Menschen zusammengedacht und unter dem Begriff Ar-

Tab. 9: Mit welchen Medien hast du dein Produkt erstellt?

Nennung	Anteil
Zeichnung	49,1 %
Malerei	22,6 %
Fotografie	96,2 %
Video	0,0 %
Audio	0,0 %
Beschreibung	20,8 %
Collage	28,3 %
3-D	20,8 %
Stoff	11,3 %
Plastik	0,0 %
Sonstiges	32,1 %
Anteil	**281,1 %**

chitektur subsumiert. Das entscheidende Ergebnis des Vergleichs zwischen Planung und Realisierung ist jedoch die Erschließung von neuen Aspekten (Sonstiges 35%). Das bedeutet, dass sich während des Mapping-Prozesses neue Aspekte und Überlagerungen ergeben haben. Die Mehrdimensionalität jedes einzelnen Aspekts war den Jugendlichen zu Beginn des Projektes nicht bewusst. Erst im Verlaufe der Realisierung wurde ihnen klar, dass man zum Beispiel ein Gebäude nicht nur durch die Architektur und die umgebenden Straßen, sondern eben auch mit den Bewohnern beschreiben muss. Insofern hat das Mapping-Projekt durch die Arbeit mit Heterotopien eine Erkenntnis der mehrdimensionalen Realität von Räumen hervorgebracht. Ein Zusammenhang zur Verwendung von Medien lässt sich nur insofern herstellen, als dass auch viele neue Aspekte gewonnen wurden und durch die Erkenntnis der Mehrdimensionalität eines Themas auch mehrere Medien miteinander kombiniert wurden.

Die Befragung verifiziert einen Lernprozess. Die viel gehörte Aussage (»Je tiefer man in ein Thema einsteigt, desto mehr Aspekte eines Themas kön-

Tab. 10: **Welchen Aspekt von Brackel willst Du mappen?**[20]

Nennung	Anteil
Architektur	38,9%
Straßen	44,4%
Geschichte	25,9%
Jugendliche	46,3%
Erwachsene	35,2%
Senioren	27,8%
Politik	0,0%
Soziale Probleme	3,7%
Jugendprobleme	1,9%
Alltagsbeobachtungen	44,4%
Arbeit	1,9%
Autos/Bahn	22,2%
Kleidung	7,4%
Essen	9,3%
Einkaufen	20,4%
Anteil	**329,6%**

20 Das Item »Sonstiges« wurde mit 0% benannt und deshalb nicht ausgewiesen)

nen erkannt werden.«) ist nicht banal, weil sich der Lernprozess bei jedem Gegenstand und jeder Methode neu definieren muss und genau dieser Anforderung auch mit Leichtigkeit ausgewichen werden kann. Der Schritt des »Eintauchens« in ein Thema ist notwendig, um die Bandbreite und die Inhalte erfassen zu können. Genauso wichtig ist der zweite Schritt der Reorganisation und der Neufokussierung. Fragestellungen können sich verändern oder neue auftauchen. Der Zielpunkt eines Mapping-Projektes ist zumeist eine Präsentation. Auch diese wird sich aus der Neufokussierung entwickeln und setzt eine offene Prozessorganisation voraus.

Es erscheint also für einen guten Mapping-Prozess wichtig, einen offenen Medienumgang zu pflegen, damit die Dynamik der Entwicklung nicht gebremst wird. Die jugendliche Denkweise, ein Thema von den Medien aus anzugehen, ist Erwachsenen eher fremd, da sie meist über mehr Selbstbewusstsein und eine breite Fertigkeitenpalette verfügen.

Tab. 11: **Welchen Aspekt von Brackel hast du gemappt?**

Nennung	**Anteil**
Architektur	35,9 %
Straßen	43,4 %
Geschichte	17,0 %
Jugendliche	20,8 %
Erwachsene	13,2 %
Senioren	9,4 %
Politik	0,0 %
Soziale Probleme	1,9 %
Jugendprobleme	1,9 %
Alltagsbeobachtungen	34,0 %
Arbeit	3,8 %
Autos/Bahn	7,6 %
Kleidung	3,8 %
Essen	3,8 %
Einkaufen	17,0 %
Grafitti	9,4 %
Sonstiges	35,9 %
Anteil	258,5 %

»Gutes Mapping«

Natürlich bereitet es keine größeren Schwierigkeiten, einen Katalog von Qualitätskriterien für das Mapping aufzustellen. Durchlässigkeit und Revisibilität von Prozessen gehören ebenso dazu wie Komplexität und Nonlinearität des Lernprozesses und die Vermittlung von neuen Lernerfahrungen. Zu nennen wäre die Entkonventionalisierung des Blicks als Grundlage für neue Sichtweisen der Wirklichkeit. Ein wichtiges Gütekriterium wäre auch der Grad der Selbstorganisation der Schüler, die Arbeit mit liminalen Feldern und die Entdeckung von Heterotopien, deren Verarbeitung und die Erschließung von neuen medialen Gestaltungsmöglichkeiten. All diese Kriterien sind wichtig. Sie leiten sich ab aus dem Mapping-Prozess, aus der künstlerischen Kartografie und aus der Lerntheorie; aber beschreiben sie wirklich die Qualität eines Mapping-Prozesses? Ein solches Vorhaben muss scheitern, weil es zu statisch angelegt wäre, den Mapping-Prozess in ein Muster pressen würde und damit dem Mapping-Prozess selbst widerspräche, indem man die Subjektivität und Offenheit des Prozesses durch einen Qualitätskanon negieren würde.

Aus diesem Grunde haben wir die Schüler befragt:
Was ist für dich »gutes Mapping«?

Hier eine Auswahl aus den Antworten:[21]

- Gutes Mapping ist für mich, einen Ort zu mappen, von dem man glaubt, ihn sehr gut zu kennen und ihn nach dem Mapping aus einer ganz anderen Sicht sieht.
- Gutes Mapping ist für mich Zusammenarbeit und intensives Nachdenken über ein Thema.
- Gutes Mapping ist für mich, dass auch mal das Unwesentliche in den Mittelpunkt gedrängt wird.
- Gutes Mapping ist für mich, wenn man sich für das Thema wirklich interessiert und das macht, woran man neue Erfahrungen gewinnen kann.
- Ein Thema zu bearbeiten, was einem selbst gefällt.
- Dass man kreativ arbeiten kann. Dass man als Team arbeiten kann.

Mapping in der Schule ist ein Lernprozess, als solcher organisiert und betreut. Gegenüber der künstlerischen Kartografie entstehen allein durch die Anbin-

21 Endbefragung, Frage 13, Nr. 5, 23, 33, 41, 51, 54.

dung an die Institution Schule ganz andere Bedingungen. Die von den beteiligten Schülern genannten Erfolgskriterien sind ein wesentlicher Bestandteil eines dialogischen und nonlinearen Projektes und machen den Zusammenhang zwischen Kooperation, der Methode und dem Thema deutlich.

Bei den Aussagen der Schüler steht die subjektive Erfahrung des Prozesses im Mittelpunkt. Als Erfolg wird das intensive Nachdenken über eine Situation empfunden, die Freiheit der thematischen Entscheidung, die Arbeit im Team und die Anregung, Neues zu entdecken und zu entwickeln. In den Antworten spiegelt sich ein erfolgreicher Lernprozess wider, der durch das Projekt »Mapping Brackel!« ausgelöst worden ist. Positiv empfunden wurde ganz offensichtlich die Lust und die Freude an einer inhaltlichen Entdeckungsarbeit, an deren Umsetzung und Präsentation. Damit wird eine innere Bereitschaft auf Neues provoziert. Eine Bereitschaft, Neues zu entdecken, nicht in gewohnten Bahnen zu bleiben, auch Alltägliches unter ungewöhnlichen Blickwinkeln zu betrachten, das sind natürlich Aussagen, die sich jeder Kunstlehrer wünscht; sind sie doch Ansätze und Grundlagen jeglichen künstlerischen Arbeitens. Ohne Neugierde, das intensive Versinken im Thema und eine kon-

Abb. 6

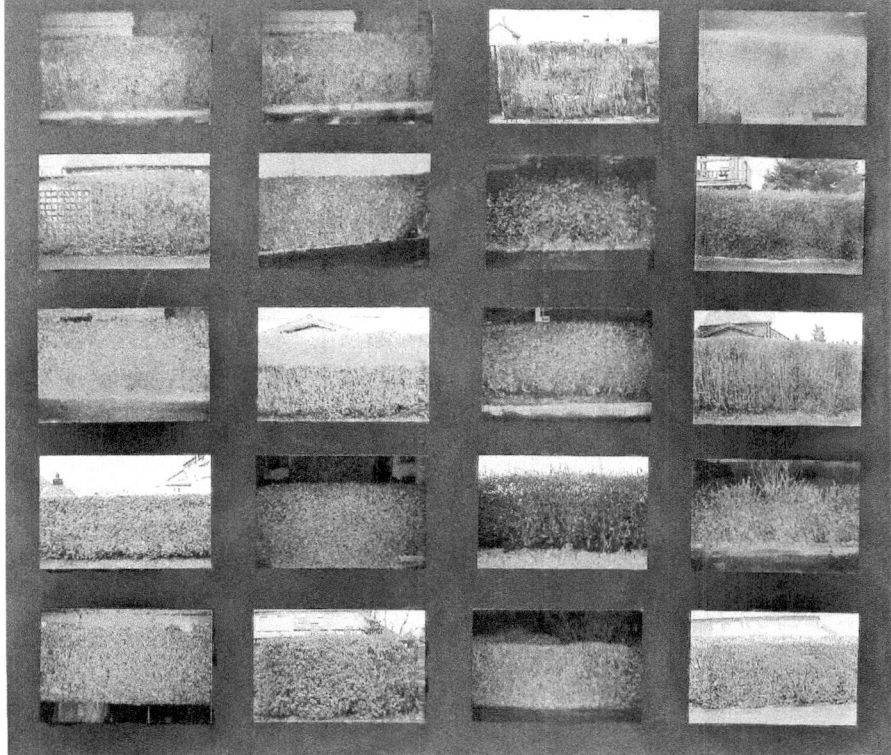

sequente Durchführung ist kein künstlerisches Projekt möglich. Die Antworten spiegeln insofern den grundsätzlichen Erfolg der Methode »Mapping«, eine offene Haltung der Welt gegenüber zu entwickeln, die Offenheit neue Blickwinkel zu formulieren und neue Erfahrungen zu machen. Die Mapping-Methode trägt dadurch sehr viel zu grundsätzlichen Erziehungszielen in der Schule und insbesondere des Kunstunterrichts bei. Sie fördert ein kritisches Potenzial bei den Schülern, sie fördert ein kritisches Umgehen mit dem Alltag und das Hinterfragen von Strukturen. Eine Schülerarbeit der Geschwister Scholl Gesamtschule macht das deutlich. Die Schüler hatten sich als Thema »Menschen in Brackel« gesetzt und fotografierten die Hecken von Einfamilienhäusern, weil sie zu der Ansicht kamen, dass die Art und Weise des Heckenschnitts sehr viel über den Charakter der Bewohner aussagt. Entstanden ist ein interessantes Werk, bei dessen Betrachtung jeder Besucher sich Fragen über die Gestaltung unserer Wohngebiete stellt.

Gelingt es, die innere Bereitschaft zur Offenheit, die bei den Produzenten hervorgerufen wurde, an die Betrachter der Mapping-Ergebnisse weiterzugeben, so transportieren sich über die entstandenen Produkte die Fragestellungen und ein wesentliches Element des Mapping-Prozesses. Perfekte Ergebnisse sind kein Qualitätskriterium für einen Mapping-Prozess; viel wichtiger ist die Authentizität zwischen dem Thema, dem Produktionsprozess mit all seinen Schwierigkeiten und dem Produkt (Abb. 6).[22] Dies vermittelt sich dem Betrachter als eine spannende Entdeckungsreise, mit der sich ein Ort und ein Produktionsprozess erkunden lässt. Verwiesen sei in diesem Zusammenhang auf den Beitrag von Martin Werner, der sein persönliches Erkunden der Präsentation assoziativ beschreibt. Gelingt es, den Betrachter auf die Mapping-Reise mitzunehmen und ihm die Arbeiten so zu präsentieren, dass er angeregt sucht und findet, so können auch die grundsätzlichen Gestaltungsprinzipien eines Mapping-Prozesses in den Ergebnissen vermittelt werden. Durch das Miteinbeziehen des Betrachters in die Entdeckungsreise entsteht Interaktivität auf praktischer oder mentaler Ebene, die Inhalt und Methode zusammenwachsen lässt.

22 Im schulischen Zusammenhang stellt sich die Frage nach der Benotbarkeit eines Mapping-Projektes. Im Grunde herrscht hier dieselbe Problematik wie in jedem Projekt vor. Das Produkt allein darf nicht die Zensierung bestimmen. Ratsam ist es deshalb, auf dem Anlegen einer Prozessdokumentation zu bestehen, in der alle Überlegungen, Entdeckungen, Fehlschläge, Skizzen und Entscheidungen festgehalten werden.

Rudolf Preuss
CHANCEN NUTZEN –
MAPPING IN DER FREIEN JUGENDKULTURARBEIT

Die Methode »Mapping« hat das Potenzial, neue Impulse in der freien Jugendkulturarbeit zu streuen. Das hier vorliegende Projekt wurde an drei Dortmunder Schulen durchgeführt. Trotz der für Projektarbeit eher ungünstigen Bedingungen an Schulen war das Projekt ein durchgängiger Erfolg. Die Motivation der Schüler[1], sich mit dem Stadtbezirk Brackel zu beschäftigen, wuchs während des Projektes an und es wurden, wie die Befragung ergeben hat, auch viele Kontakte und Kenntnisse über den Stadtbezirk vermittelt. Das Engagement der Schüler zeigt sich auch darin, dass sehr viele in ihrer Freizeit an dem Projekt weiterarbeiteten.

In der Jugendkulturarbeit sind die Bedingungen für Projektarbeit günstiger, weil dort nicht der schulische Rhythmus und der Zwang zur Leistungsbewertung vorhanden ist; somit können die Jugendlichen viel freier nach ihren Interessen suchen und Projekte umsetzen. Freie Jugendkulturarbeit verfolgt auch andere Ziele als die schulische Jugendkulturarbeit. Es geht in der freien Jugendkulturarbeit nicht so sehr um die Vermittlung von Basiskulturtechniken, im Mittelpunkt steht vielmehr der integrative Aspekt der Kulturarbeit. Integrativer Aspekt meint das Initiieren von Selbstfindungsprozessen der Jugendlichen als Grundlage für eine Teilhabe an unserer Gesellschaft.

Ein Mapping-Projekt leistet all diese Dinge in hohem Maße. Jungendkulturarbeit ist sehr häufig stadtteilorientiert, weil viele Jugendliche, besonders in sozialen Brennpunkten, wenig aus ihren Stadtteilen herauskommen und es nicht schaffen, außerhalb soziale Kontakte aufzubauen. Mapping kann dazu führen, dass Jugendliche die Umgebung, in der sie wohnen und sich bewegen, besser kennenlernen, diese unter neuen Blickwinkeln zu betrachten ler-

[1] Die männliche Form steht im Text auch für die weibliche.

nen und sich vor allem auch neue Räume erschließen. Damit ergeben sich Möglichkeiten der Erweiterung des individuellen Wahrnehmungshorizonts, verbunden mit einer differenzierteren sozialen Komponente. Natürlich kann das eigene Wohnumfeld Thema sein. Ergiebiger erscheint es, wenn Jugendliche sich mit fremden Themen und Gebieten, außerhalb ihrer alltäglichen Erfahrung, auseinandersetzen. Themen hierfür lassen sich sehr viele finden. Das kann beginnen bei mittelalterlichen Kirchen in der Stadt oder mit irgendwelchen anderen, den Jugendlichen unbekannten Institutionen. Genauso gut lässt sich das Mapping verwenden, um Jugendliche zum Beispiel zur Beschäftigung mit einem Waldstück oder mit einem einsam gelegenen See zu bewegen.

Das ist kein alter Wein in neuen Schläuchen. Natürlich hat die Jugendkulturpädagogik in den letzten 20 Jahren sehr viele Anstrengungen unternommen das jugendliche Gesichtsfeld zu erweitern, neue soziale Erfahrungen mit kultureller Arbeit zu verbinden und Selbstfindungsprozesse zu aktivieren. In vielen Fällen ist dies auch gelungen. Genau daran setzt Mapping an und bietet ein Konzept der systematischen Erforschung von Heterotopien. Es geht also vordergründig um ein altes Thema, eigentlich aber um die Aneignung von neuen Weltsichten. Ein Mappingprozess ist nicht eindimensional. Beschäftigt man sich zum Beispiel mit der eigenen Wohnsituation, wie das bei diesem folgenden Projekt in Dortmund Wickede[2] geschehen ist, so bieten sich neben

[2] Abbildung 1–3: Martina Langner, Nicola Setzak, »Mein Block«, Max-Born Realschule

Abb. 1

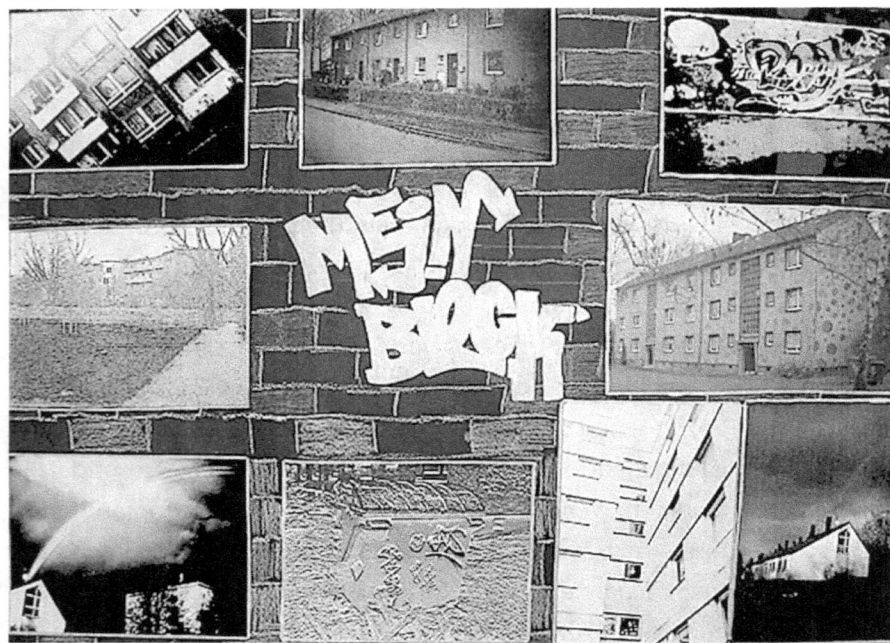

einer reinen Dokumentation viele Möglichkeiten der Entwicklung eines medialen Ausdruckssystems.

Abbildung eins zeigt einen Ausschnitt einer Arbeit von Schülerinnen über »ihren« Block in Dortmund Wickede. Sehr deutlich drücken sie ihre kritische Distanz zu ihrer Lebensumwelt aus. Der Block ist dunkel fotografiert und setzt so die Distanzierung um. Daneben finden sich in Abbildung zwei aber auch Ansätze für ein ästhetisches Umgehen mit der vorgefundenen Situation. Fotos des Blocks Rauschenbuschstr. 63 werden bemalt, mithilfe eines Bildbearbeitungsprogramms sind offensichtlich Wahrnehmungsalternativen entwickelt worden, die den Betrachter dazu bringen, zwei bis dreimal interessiert auf diesen, eigentlich langweiligen Wohnblock zu schauen. In dem Bild ist nicht mehr der sozialkritische Ansatz der Siebzigerjahre enthalten, in dem die tristen Lebenswelten sozial benachteiligter Jugendlicher dokumentiert wurden, in der Hoffnung, eine Veränderung der Verhältnisse damit zu initiieren. Der Unterschied liegt im individuellen Zugang, der durch die Methode Mapping gefordert wird. Die individuelle Wahrnehmung, die individuelle Verarbeitung der Wahrnehmung und das Finden eines entsprechenden medialen Ausdrucks stehen im Mittelpunkt. Wahrnehmungsprozesse von Jugendlichen werden also in der Mapping-Methode nicht mehr benutzt, um Sozialkritik zu formulieren oder sich in endlosen Debatten über Wohnum-

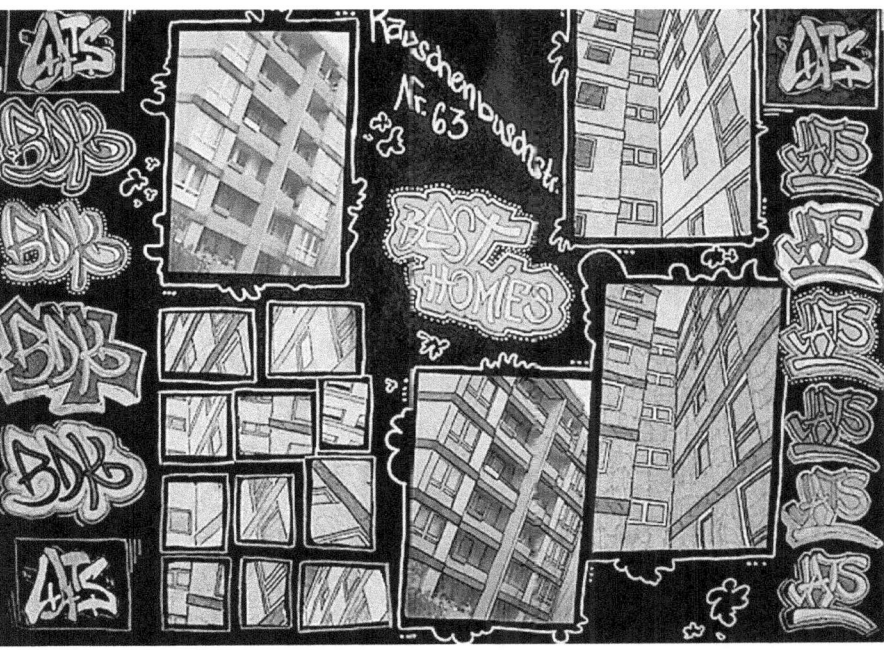

Abb. 2

felder zu verlieren, sondern der Blick ist auf die Produktion von alternativen Wahrnehmungsweisen gerichtet. Natürlich beinhalten auch solche Arbeiten wie die gezeigten implizit soziale Problematiken und eine Kritik an einem Lebensumfeld. Aber diese Kritik muss der Betrachter durch das Nachvollziehen eines Wahrnehmungsprozesses selbst finden. Nichts wird ihm auf dem Tablett fertig serviert und weitschweifig erklärt. Das macht die Ergebnisse so ansprechend und so interessant. Gerade in der freien Jugendkulturarbeit ist es wichtig, dass Jugendliche sich mit ihren Produkten und den Projekten bis zu einem gewissen Maße identifizieren, ja, die freiwillige Beteiligung an Projekten und Aktivitäten ist gewünscht und Voraussetzung für ein Gelingen. Diese Setzung hat weitgehende Konsequenzen für den Arbeitsprozess, für die Organisation, aber auch für die Ansprüche der Jugendlichen an die Produkte. Da der Faktor Zensur wegfällt, müssen andere Faktoren zur Motivation gefunden werden.

Wie die Untersuchung von »Mapping Brackel!« ergeben hat, stellen Jugendliche über die mediale Verarbeitung eine hohe Identifikation her. Es muss also gelingen, durch eine geschickte Organisation und eine entsprechende mediale Präsentation die Jugendlichen von ihrer Arbeit zu überzeugen. Dies geschieht insbesondere dadurch, dass während des Mappings die individuellen Wahrnehmungsstrukturen im Mittelpunkt stehen. Da sich dies auch in den Projektergebnissen ausdrückt, ist gewährleistet, dass die Jugendlichen auch ein positives Verhältnis zu ihren Produkten entwickeln können.

Nehmen wir zum Beispiel Abbildung drei. Thema dort: beschmierte Mülltonnen, ätzend angetagt, ein allgemein empfondenes Symbol für ein asoziales Umfeld. Was machen die Jugendlichen daraus? Anstatt irgendwelche Texte oder eine Dokumentation möglichst vieler Mülltonnen zu generieren, integrieren sie einfach Elemente der »Tags« in eine Neugestaltung, die von allen Bewohnern akzeptiert werden könnte und unter Umständen eine positive Ausstrahlung hat. Mehr als alle Worte sagt dieser ästhetische Umgang mit der Situation über die negativen Projektionen aus.

Eine konkrete Auseinandersetzung mit dem eigenen Umfeld beinhaltet also viele kreative Möglichkeiten. Ich erinnere mich gut an meine langjährige Tätigkeit in dem sozialen Brennpunkt Dortmund Scharnhorst. Wenn wir dort den Jugendlichen das Thema »Scharnhorst« im Kunstunterricht zur Beurteilung stellten, so war ein starker Unwille zur Beschäftigung mit dem »Ghetto«[3] zu spüren. Sie wollten eigentlich raus aus dieser Situation und nicht auch noch mit der Nase auf ihre eigene, unterprivilegierte Situation gestoßen wer-

3 Der Stadtteil Dortmund Scharnhorst ist eine Reißbrettsiedlung aus den 1960er-Jahren und wird von den Jugendlichen als »Das Ghetto« bezeichnet.

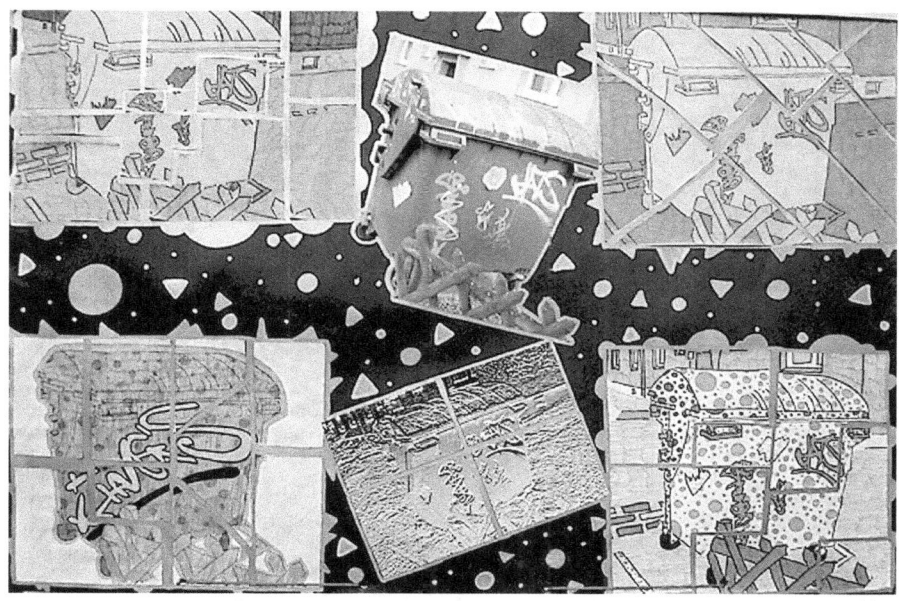

Abb. 2

den. Bei dem Projekt »Mapping Brackel!« war das nicht der Fall. Der Ansatz führt zu individuellen Entdeckungen und auch der Spaßfaktor sollte nicht unterschätzt werden. Mit Mapping wird also kein alter Wein in neue Schläuche gegossen, sondern neuer Wein in bisher unbekannte Schläuche.

Heterotopien[4]

[4] Michael Foucault: Andere Räume. In: Barch et.al(Hg): Aisthesis. Wahrnehmung heute oder Perspektiven einer anderen Ästhetik, Leipzig 1990
Michael Foucault: Die Heterotopien. Der utopische Körper, Frankfurt 2005
Erläuterung in meinem Beitrag »Themenwechsel«.

[5] Jugendliche, die sich aus der Billigkleiderkette »Takko« ausstaffieren. Noch nicht zu googlen.

[6] Eva Korzeniowski: Brackeler Eiche, Geschwister-Scholl Gesamtschule.

Jugendliche konstruieren sich sehr viele Heterotopien. Sie versuchen ihre Wünsche, Träume und Vorstellungen über ihr Leben zum Teil losgelöst von jeglicher Realisierungsmöglichkeit in kleinen überschaubaren und von den Erwachsenen abgeschotteten Situationen umzusetzen. Dies war schon immer so und ist auch notwendig, um ein innovatives kulturelles Kapital in der Gesellschaft zu erhalten. Die Wandervogelbewegung in den Zwanzigerjahren und die Achtundsechziger oder ganz aktuell die Takkolords[5], all diese Bewegungen hatten und haben einen starken utopischen Einschlag. Die Darstellung und Auseinandersetzung mit Heterotopien, seien es die eigenen oder fremden, öffnet neue Welten, neue soziale Kontakte und Möglichkeiten.
Ich möchte anhand eines interessanten Projekts einer Schülerin, die sich mit der »Brackeler Eiche«[6] beschäftigte (1878 von der Kyffhäuser Kameradschaft gepflanzt, auch die »Kaisereiche« genannt) das ästhetisch-emanzipatorische Potenzial des Ansatzes herausarbeiten.

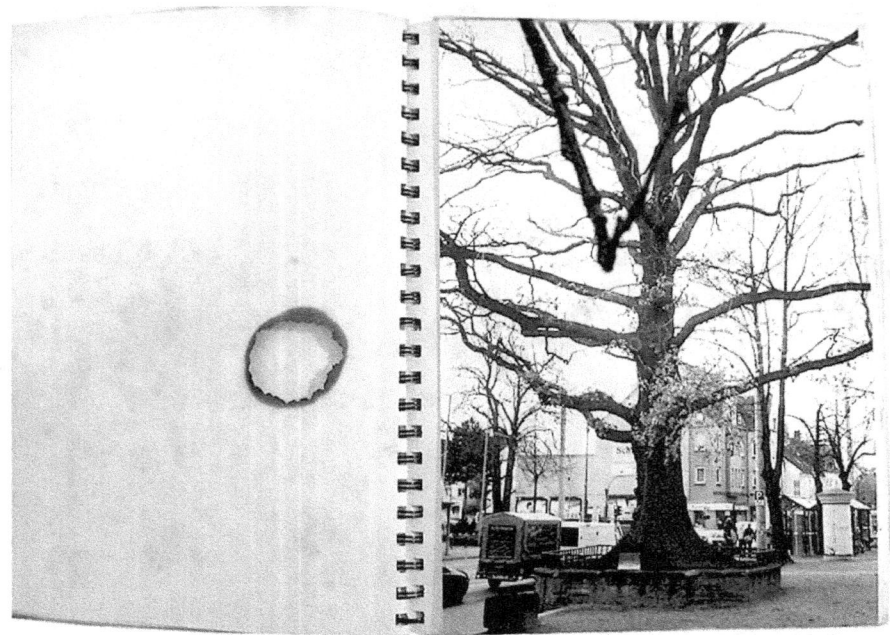

Abb. 2

Diese Eiche bildet einen eigenen Raum. Sie ist von einer Mauer umgeben und das Bodenniveau ist gegenüber dem Umfeld erhöht. Daneben befindet sich eine Straßenbahnhaltestelle und die Brackeler Kirche. Sie steht am belebtesten Platz in Brackel.

Eva schreibt in ihrem Projektbuch:
> »Ich fuhr heute an ihr vorbei, als ich nach der Schule nach Hause zurückkehrte und habe sie mir näher betrachtet. Und als Erstes musste ich feststellen, dass mir diese Eiche nie zuvor ins Auge gefallen ist und ich denke, dass es vielen auch so geht ...«[7]

7 Projektbuch Eva Korzeniowski, Gesamtschule Dortmund Brackel, S. 8.

Die Jugendliche hat, angeregt durch die Diskussionen in der Gruppe, sich ein Thema gesetzt, welches auf den ersten Blick seltsam langweilig erscheint. Ein Baum in der Stadt. Damit begann eine Reise in eine bisher unbekannte Welt inmitten der alltäglichen. Das Projektbuch ist voll von gesammelten Informationen und Bildern zu Eichen im Allgemeinen. Die Kaisereiche wurde fotografiert, gezeichnet und als Modell nachgebaut. Das eigentliche Interesse der Jugendlichen geht aber weit darüber hinaus. Sie interessierte sich für die Umweltwahrnehmung der Menschen – ansetzend an ihrer subjektiven Erfahrung.

> *»Und wie vom Blitz getroffen kamen mir recht viele Fragen in den Kopf. Ich meine, wir leben in einer Großstadt und ist es nicht amüsant, wie so ein Baum, in einem begrenzten Gebiet aus Erde, begrenzt von Asphalt gedeiht? Für mich sieht fürchterlich aus, wenn ein großer Baum keine Freiheit hat. Seine Wurzeln müssen doch eingeschränkt sein oder nicht? Meine Gedanken sind nicht leicht, aber trotzdem versuche ich sie dir zu erklären, denn vielleicht bist du eine Person wie ich, die so was sich gedacht hat, aber nie ausgesprochen hat beziehungsweise die passenden Worte nicht gefunden hat und das zu beschreiben, was im Innern geschieht«*[8]

[8] ebenda S. 10.

Die Fokussierung allein hat die Wahrnehmung geschärft, Fragen aufgeworfen und plötzlich sehr viele andere Probleme symbolhaft mit diesem Baum verbunden. Das Thema wird ausgeweitet und es ergeben sich ganz neue Fragen, deren Existenz im Vorfeld die Schülerin nicht geahnt hatte. Die Entdeckung des Baumes ist also tatsächlich eine Wahrnehmungserweiterung und keine Konstruktion für die Schule. Die Beschäftigung mit dem Baum evoziert auch ganz neue Erfahrungen mit gesellschaftlichen Gruppen.

> *»Ich bin mit meinen Ermittlungen ein ganzes Stück weitergekommen. Heute morgen habe ich die evangelische Gemeinde in Brackel besucht und mich über die Eiche informiert. Der Pfarrer hatte ein ganzes Buch über die Eiche und viele Dokumente, in die ich aber leider nicht hineinschauen durfte.«*[9]

[9] ebenda S. 11.

Ohne die Fragestellungen zur Eiche wäre die Schülerin sicherlich nie auf den Gedanken gekommen, den Pfarrer zu irgendetwas zu befragen. Sie macht die Erfahrung, dass sie nicht alle Dokumente einsehen darf. Die Gründe dafür werden nicht genannt. Im Folgenden stellt sie die Wichtigkeit des Baumes für die evangelische Kirchengemeinde heraus und die Sorge, die diese alltäglich für diesen Baum trägt, indem sie ihn erhält, seine Krankheiten bekämpft und so versucht, diesem alten Baum eine Zukunft zu geben. Die Zukunft des Baumes wird überhöht und auf einer Metaebene mit der Zukunft von Brackel verbunden, da dieser Lebendigkeit symbolisiere.
Im nächsten Schritt versucht sie ihre eigene Wahrnehmung im Verhältnis zur Wahrnehmung anderer Menschen zu setzen. Ein Interview vor Ort soll Klarheit über die Bedeutung des Baumes schaffen. Aus den Antworten wird deutlich, dass die überwiegende Mehrzahl den Baum nicht oder nur beiläu-

fig wahrgenommen hat. Der Baum steht eben dort und ist Teil der gewohnten Umwelt. Sehr seltsam ist deshalb folgendes Ergebnis.

»Liebes Tagebuch, das Interview war ein voller Erfolg. Der größte Teil aller Befragten, ca. 90%, empfinden den Baum als Symbol für Brackel, da er im Zentrum steht und einen gewissen Wert bekommt«[10]

10 ebenda S. 14.

Hier ist ein offensichtlicher Widerspruch zwischen der normalen Aufmerksamkeit im Alltag und der Bewertung der Bedeutung des Baumes in der Befragung. Man könnte das dahingehend interpretieren, dass die Befragten diesem Baum eine Grundwichtigkeit geben, diese aber nicht im Alltag realisieren, weil die Eiche als existentes Beiwerk im alltäglichen Wahrnehmungsraum eingebaut ist. Bei Fokussierung wird dem Baum eine Bedeutung zugeschrieben. Vielleicht ist es allein auf die Tatsache des Befragungsaktes zurückzuführen, dass eine Wertschätzung bemerkt wird. Vielleicht werden während des Interviews plötzlich Dinge wie die Ummauerung oder das höhere Bodenniveau als seltsam wahrgenommen und daraus eine Bedeutung abgeleitet. Diese Interpretationen sind möglich, aber nicht zwingend und eigentlich auch nebensächlich. Zwingend hingegen ist die Tatsache, dass es ganz offensichtlich der Schülerin gelungen ist, durch die Fokussierung auf den Baum eine Wahrnehmungsveränderung herbeizuführen, die eine Welt offenbart hat, die parallel zum Alltag existiert und in der eigene Gesetzmäßigkeiten, wie zum Beispiel geheime Bücher, Schimmelpilzbehandlungen oder Untersuchungen des Baumes usw. existieren. Der genauen historischen Funktion ist die Schülerin nicht nachgegangen. Verzichtet wird auf die Frage, wer denn die Kyffhäuser Kameradschaft war und ob es diese noch gibt, weil das Hinweisschild 1978, also 100 Jahre nach der Pflanzung, aufgestellt wurde. Gibt es möglicherweise geheime Dokumente in der Kirchengemeinde, die die Schülerin nicht einsehen durfte? Mögliche Zusammenhänge zum Kaiserhain im Westfalenpark in Dortmund werden auch nicht untersucht. Damit kann die Frage nach der Bedeutungsveränderung von einem zentralen gesellschaftlichen Akt 1878 zur alltäglichen Beiläufigkeit 2008 zwar benannt, aber nicht beantwortet werden.

Das Beispiel macht deutlich, wie die Entdeckung einer Heterotopie vor sich gehen kann und wie viele individuelle und gesellschaftliche Fragestellungen daran entwickelt werden können. Die Umfassendheit einer wissenschaftlichen Fragestellung ist bei einem Mapping-Projekt nicht geplant. Die Jugendlichen müssen also nicht in ein methodisches Korsett gesteckt werden und z. B. zu historischen Forschungen verdonnert werden. Sie können alleine bestimmen, welche Fragen sie sich stellen und welche nicht, ohne dass ein erhobener Zeigefinger droht. Ich bin mir sicher, dass dieses hohe Maß an Selbstbestimmung hohe Lernerfolge erzielt, auch wenn diese nicht unbedingt dem schulischen Lehrplan entsprechen.

Für die freie Jugendkulturarbeit stecken in diesen Ansätzen hohe emanzipatorische Potenziale. Die Schülerin wird zur Entdeckerin, sie wird handelnd in der Gesellschaft wahrgenommen, indem sie andere Menschen interviewt. Innerhalb des Mapping-Projektes hat sich also eine Rollenverschiebung vollzogen von der konsumierenden Jugendlichen zur Spezialistin für die Brackeler Kaisereiche. Eva wird sicherlich noch viele für sie bedeutendere Rollen in ihrem Alltag einnehmen, parallel zu der Rolle der Spezialistin für die Brackeler Kaisereiche. Sie könnte eine Jugendliche sein, die in öffentlichen Diskotheken abtanzt, vielleicht geht sie auch in die Kirche und auch in der Schule hat sie ihr spezifisches Handlungsfeld. Die Parallelität unterschiedlicher Rollen gehört zur Normalität unseres sozialen Lebens. Mapping gibt die Möglichkeit, neue Rollen gezielt zu entdecken, zu definieren, einzunehmen und einen individuellen, ästhetischen Ausdruck zu finden.

Mapping arbeitet intermedial[11]

[11] Klaus Peter Busse / Hans Breder: Enacting the Liminal, Norderstedt, 2005. Klaus Peter Busse: Vom Bild zum Ort, Mapping lernen, Norderstedt 2007
Rudolf Preuss: Intermediale Lern- und Lehrsituationen, in: B. Kovermann (Hg), Fachdidaktik und allgemeine Didaktik in der Dortmunder Theorie Praxis Konzeption, Dortmund 2006.

Expressionistisch malen oder einen Urwald nach Jacques Rousseau, oder, oder ... Leider sind eingeengte Aufgabenstellungen im Kunstunterricht an den Schulen gängige Praxis. Das wird noch verstärkt durch den Leistungsdruck nach PISA. Zudem wird das Fach Kunst immer mehr an den Rand gedrängt und muss seine Position behaupten. Die in den Siebzigerjahren überwunden geglaubte Position, die ästhetische Produktion der Kinder als Dekoration in der Schule zu verwenden, ist zunehmend wieder auf dem Vormarsch. Projektarbeit, Arbeit mit interessanten und unterschiedlichen Medien werden durch die zunehmende Rigidität im Bildungssystem ausgehebelt. Aufgabenstellungen im schulischen Kunstunterricht haben es deshalb immer schwerer, an den Interessen der Jugendlichen anzusetzen, auch wenn viele Kunstlehrer experimentieren wollen.

Freie Jugendkulturarbeit unterliegt nicht curricularen Zwängen; sie kann sich viel intensiver an den Bedürfnissen der Jugendlichen orientieren und ist somit auch in der Lage, näher an die Jugendlichen, deren Probleme, Wünsche und Träume heranzukommen. Diese Chance sollte genutzt werden. Der freie Umgang mit Medien und die Wahl dessen, was im Moment wichtig erscheint, ist für Jugendliche von großer Bedeutung. Mapping ist medial nicht festgelegt. Innerhalb eines Mapping-Projektes können die unterschiedlichsten Medien verwendet werden und damit bilden sich neue gestalterische Möglichkeiten, themenorientiert mit den Jugendlichen zu arbeiten.

Wie unsere Untersuchungen im Zusammenhang mit »Mapping Brackel!« ergeben haben, bestimmen Jugendliche häufig zuerst das Medium, mit dem sie arbeiten möchten und nicht das Thema. Erst im Verlauf des Projektes weitet sich dann durch die Weiterentwicklung des Themas der Medienblick der Jugendlichen aus. Eine weitgehend freie Medienwahl, wie sie in der freien Jugendkulturarbeit stärker gewährleistet sein kann als in der Schule, ist deshalb notwendig, um einen offenen Gestaltungsprozess zu sichern. Dem Begriff des Intermedialen soll hier nicht weiter nachgegangen werden. Verwiesen sei auf die angegebene Literatur. In diesem Zusammenhang erscheint es aber wichtig, deutlich zu machen, dass intermediale Prozesse Emanzipationsprozesse sind, da während der Benutzung eines Mediums innere Prozesse bei den Akteuren angestoßen werden, die zu einer Weiterentwicklung des Projektes und medialen Veränderung führen. Diese liminalen Felder[12] sind für die Selbsterprobung und Selbstfindungsprozesse der Jugendlichen von entscheidender Bedeutung. Unter liminalen Feldern sollte man sich nicht weltbewegende Dinge vorstellen oder sich an dem Begriff der künstlerischen Grenzerfahrung[13] orientieren. Bei dem Beispiel »Brackeler Eiche« beschreibt die Schülerin in ihrem Tagebuch individuelle liminale Felder. Sie traute sich z. B. nicht, bestimmte Personen während der Befragung anzusprechen. Liminale Felder sind individuell definiert und haben keinen festen Rahmen. Die Erfahrung von liminalen Feldern ist für Jugendliche spannend und interessant, motiviert sie zur Mitarbeit und zum Ausprobieren, wenn sie merken, dass die Beschäftigung mit diesen Grenzsituationen möglich und gewünscht ist. Die freie Jugendkulturarbeit sollte die Chancen nicht versäumen, ins Gespräch mit Jugendlichen über diese liminalen Felder zu kommen und individuell zu hinterfragen. Warum wird denn der Passant nicht angesprochen? Warum wird dieser oder jener Frage nicht nachgegangen? Was steckt hinter dieser Hemmung und wie kann ich mir mit Fragestellungen im Projekt die Erfahrung liminaler Felder eröffnen? Dies sind selbstreflektorische Prozesse, die häufig auch in der schulischen Kulturarbeit angestoßen werden, innerhalb eines Mapping-Projektes aber vertieft werden können. Aus den beschriebenen Gründen könnte die freie Jugendkulturarbeit an der Stelle aber besser geeignet sein, wenn die Empathiefähigkeit der Betreuer mit einer fundierten Sachkenntnis der Methodik und den Medien kombiniert wird.

12 Der Begriff stammt aus der Theorie des Intermedialen und bezeichnet Räume und Zustände, die als medial grenzwertig wahrgenommen werden und den Übergang zwischen Medien beschreiben. Gleichzeitig werden darunter auch individuelle Grenzräume verstanden.

13 Gemeint sind Künstler, wie Nitsch, die sich absoluten psychischen oder physischen Grenzsituationen aussetzen.

Ein Mapping-Prozess in der freien Jugendkulturarbeit stellt hohe inhaltliche und emotionale Anforderungen an die Betreuer. Verschiedene Medien müssen gehandelt werden, Prozesse als solche definiert, verfolgt und beherrscht werden und vor allen Dingen sollte auch über das individuelle Einzelthema hinaus eine gedankliche Erweiterung möglich sein. Das Beispiel »Brackeler Eiche« zeigt, es ergeben sich aus dem Thema künstlerische, gesellschaftliche und historische Problematiken. Einen Jugendlichen an der Verfolgung solcher Fragen zu hindern, wäre im Zusammenhang mit einem Mapping-Projekt verfehlt. Leider geschieht das zu häufig, wenn auch nicht absichtlich, weil die Sachkenntnis der Betreuenden nicht alle Faktoren abdecken kann, die in einem solchen Prozess auftauchen. Lehrer an Schulen sind pädagogische Fachleute für diese Innovations – und Lernprozesse, deren Kompetenz gut in der freien Jugendkulturarbeit nutzbar gemacht werden könnte. Insofern stellt ein Mapping-Prozess auch die Anforderungen an die Betreuer, sich ein Netzwerk aufzubauen, in dem unterschiedliche Kompetenzen abgerufen werden können.

Mapping ist also eine Methode, die der wichtigen Funktion der freien Jugendkulturarbeit in unserer Gesellschaft entspricht. Sie bietet durch ihre intermediale Arbeitsweise die Möglichkeit, an der Welt Jugendlicher anzusetzen und diese in eine ästhetische Forschungsarbeit medial zu integrieren. Schule und freie Jugendkulturarbeit sind zwei Pole, die sich auf dieselben Jugendlichen beziehen und sich inhaltlich ergänzen. Ein derartiges Projekt bietet ideale Möglichkeiten der Kooperation der verschiedenen Institutionen vor Ort und bindet auch viele andere gesellschaftliche Gruppen in den ästhetisch-kulturellen Entwicklungsprozess der Jugendlichen ein. Mapping ist inhaltlich und methodisch ein zukunftsorientierter kunst – und kulturpädagogischer Ansatz.

Martin Werner
DER PFARRER, DIE BIBLIOTHEK UND 21 WWW-ADRESSEN BEIM WANDERN ÄNDERT SICH DER STANDPUNKT

Ich bin beeindruckt und irritiert. Ich schaue auf ein Spiel von Formen, Striche, Linien. Rote Striche und Linien auf schwarzem Hintergrund. Meine Gehirnzellen erschaffen keinen deutbaren Zusammenhang, nichts Wiedererkennbares. Doch auf einmal schalten sich die Neuronen parallel im Kopf und es macht klick. Dieses Formenspiel entstand aus einer Waschanlage und einer Zapfsäule an einer Tankstelle. Immer klarer wird, dass ich das alles kenne. Es ist die Tankstelle in Dortmund-Brackel, der Ort, in dem ich wohne. Diese Tank-

Abbildung 1: Sabine Sommer, Tanke

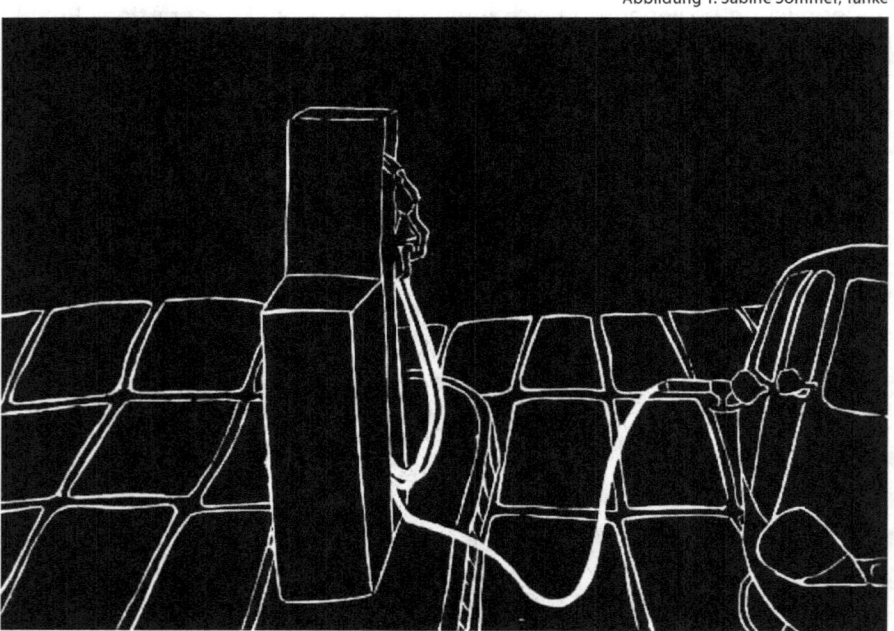

stelle habe ich so noch nie gesehen. Diesen Blick, den mir das Bild eröffnet, habe ich im Tank-Alltag noch nie gehabt. Diese Formenvielfalt, diese Art der Struktur, diese Anordnung von Strichen, Quadraten, Kreisen und Kurven. Diese ganz normale Tankstelle hat eine verdeckte künstlerische Form. Sie war meinem Blick verborgen. Es musste jemand kommen, um sie aufzuzeigen. Es musste ein Perspektivwechsel stattfinden und ein neuer Standpunkt eingenommen werden. Das haben Schüler und Schülerinnen, junge Kunststudenten in dem Projekt »Mapping Brackel!« geschafft.

Mein Beeindrucktsein geschieht nicht zum ersten Mal bei kulturell-künstlerischen Ausdrucksformen von Kindern und Jugendlichen. Ich arbeite im Bereich der kulturellen Jugendarbeit und bin in der Lage, diese zu fördern und so ihre Ergebnisse zu erleben. Trotzdem bin ich immer wieder überrascht von den Ideen, der Begeisterung und auch der handwerklichen Ausführung. Die LAG Arbeit Bildung Kultur, die dieses Projekt »Mapping Brackel!« mit gefördert hat, hat sich zwar einen sehr klanglosen Titel ausgesucht, den man aber gut zu einem Satz formen kann, der viel über unsere Gesellschaft und das wir den Jugendlichen und Kindern anbieten sollten, aussagt. »Keine Arbeit ohne Bildung, keine Bildung ohne Kultur, keine Kultur ohne Arbeit, keine Arbeit ohne …«

Die Bedeutung und die Gewichtungen dieser drei Begriffe in der Geschichte der Menschheit sind sehr unterschiedlich. Im Moment, so scheint es, wird der dritte Bereich zunehmend ernst genommen und als zentraler Bestandteil einer zukunftsorientierten Lebenskompetenz begriffen. Im »Europäischen Lebenslauf-Muster« für Job-Bewerber steht neben den gängigen Rubriken für berufliche und persönliche Qualifikationen ein bisher nicht gängiges Feld: »Künstlerische Fähigkeiten und Kompetenzen«. In unserem Land gibt es verschiedene Versuche einen Kompetenznachweis im Zusammenhang kultureller und künstlerischer Fähigkeiten zu erstellen. Die Geschichten über Personalabteilungen von Unternehmen und Institutionen, die zunehmend an Aktivitäten und Fähigkeiten interessiert sind, die die Jugendlichen nicht vorwiegend in der Schule lernen, nehmen zu. Wenn Politik dem eine Wertschätzung geben will, muss sie dafür Räume erschaffen oder – so muss es wohl heute heißen – erhalten. Denn Schule, die sich nur auf messbare Leistungen versteift und gleichzeitig den Ganz(en)tag in Anspruch nimmt, verengt diese Räume zusehends.

So schön die Anerkennung der kulturell-künstlerischen Ausdrucksformen als Kompetenzen für den beruflichen Werdegang ist, so einseitig ist diese Betrachtung von Kultur auch. Mich interessiert an dem Perspektivwechsel, der mir von den Schülern und Studenten vorgeführt wird, vielmehr der Wechsel der Blickrichtung, des Standpunktes und die dabei entstehende Beziehung zwischen Kunstschaffenden, Kunstkonsument und Betrachter und dem künstlerischen Objekt. Kunst erobert die Welt anders als Arbeit oder eine alltägliche Verrichtung.

In der Einführung zur Ausstellung Mapping Brackel wird gesagt, es geht darum, das nicht zu sehen, was man automatisch sieht. Und wahrhaftig, man sieht etwas, was man vorher nicht gesehen hat; man sieht die Dinge mit anderen Augen. Mit den anderen Augen einer Schülerin, einer Schülergruppe, einer Künstlerin, eines anderen Menschen. Man sieht mit anderen Augen. In diesem Fall meinen eigenen Stadtteil. Irritierend, manchmal wahnsinnig informativ, manchmal sieht man nur Formen. Ich gehe durch die Ausstellung und wandere durch einen Raum. Ich wandere durch die Ausstellung und bekomme eine Mitteilung. Ich bekomme viele Mitteilungen von Menschen, die durch den Raum Brackel gewandert sind. Sie sind ganz unterschiedlich. Es ist nicht leicht für mich, das alles zu begreifen, es zuzuordnen. Ich muss mich öffnen, ich muss mich in vielfältiger Weise Eindrücken öffnen, um das alles aufzunehmen.

Da sind die grünen Hecken, die Hecken um Häuser, einfache grüne, auf 15 mal 10 cm Fotopapier gebrachte Hecken – »Natur auf der Spur«. Alle Bilder grünstichig auf einen schwarzen Hintergrund geklebt. Es sieht lustig und sehr grün aus. Jede Hecke anders und sie stellen Fragen. Was ist dahinter, wer lebt dahinter, warum ist diese Hecke so gewachsen und geschnitten? Was ist daran Natur? Man fängt an, über Heckenschneider in Brackel nachzudenken. Über die Menschen, die Hecken in Brackel schneiden, und über die Hinterheckenwohner. Der Blick des mappenden Schülers, der sich fokussiert hat auf diese Art der Heckenbetrachtung, auf diese Art der Heckenexistenz, gibt gleichzeitig Anlass, einen Blick auf den Hintergrund, auf die Menschen im Hintergrund zu werfen. Dahinterzuschauen.

Dahinterzuschauen. Gut, ich weiß nicht, ob der Macher des Objekts überhaupt ein Interesse daran hatte, dahinterzuschauen. Aber es ist schwer vorstellbar, dass neben meiner nicht auch seine Neugier durch das Fotografieren der Hecken angestachelt worden ist, dahinterzuschauen. Was für eine »Kompetenz«: dahinter zu schauen. Nicht den ersten Eindruck nur an sich vorbeirauschen zu lassen und die Dinge für das zu nehmen, was sie scheinen. Was für eine Kompetenz, in der von Medien dominierten Welt, in der der schöne Schein sich aufschwingt, Realität zu sein. Dahinter zuschauen heißt, einen anderen Standpunkt für deinen Blickwinkel einzunehmen.

Bezogen auf den Raum Brackel ist die Ausstellung Mapping Brackel eine unglaublich vielfältige Ansammlung von Blickwinkeln und Standpunkten. Gebrauchte Visitenkarten, weggeworfene Tankquittungen, Zigarettenkippen, Kronkorken, ein Flaschenhals, Kulturprogramme, Parkquittungen und anderer Müll drapiert um ein Straßenfoto. Der Müll ist wie die Zeitung von gestern. Alles, was nicht mehr aktuell ist, liegt auf der Straße und erzählt eine Geschichte.
Oder das dokumentarische Fotografieren eines Ortes, einer Straßenecke, eines Raumes aus verschiedenen Perspektiven zu einem bestimmten Zeitpunkt und das liebevolle Zusammenfügen dieser Blickrichtungen zu einem Leporello. Das Festhalten eines Moments gibt gleichzeitig den Blick frei auf die unendliche Möglichkeit der Momente.

»Mapping Brackel!« erlebe ich wie ein Märchenbuch. Geschichten über Geschichten werden mir präsentiert. Geschichten aus anderen Regionen, aus anderen Räumen, von anderen Wanderungen durch den Raum und durch die Zeit, eben unserer Geschichte. Das Wandern durch den Raum und durch die Zeit. Und genau so wandere ich durch die Ausstellung Mapping Brackel. Eine Wanderung durch einen Raum, der mir Tore öffnet, Türen öffnet, der mir Blickwinkel öffnet, die ich selber nicht erreichen konnte, weil dieses automatisch beschränkte Auge sie nicht sehen konnte. Sie werden mir geöffnet durch einen Anderen, durch den anderen Menschen und seine Beziehung zu den Dingen, der seinen Blick konzentriert und variiert. Der diesen Blick nicht mehr automatisiert anwendet, sondern hinterfragt, und ich sehe durch diese Betrachtung, durch das Ergebnis dieser Betrachtung, durch den Prozess der Arbeit Dinge, die ich vorher nicht gesehen habe. Mein Stadtteil wird neu, ein neuer Blickwinkel tut sich auf, eine neue Geschichte ergibt sich.

Da wird der Häuserblock auf einmal farbig, da werden die Farben der Sprayer umgesetzt auf dieses starre Grau dieser kleinen Hochhäuser, die einen so erdrücken können. Da wird alles bunt, da fängt es an zu strahlen. Da wird der graue Mülleimer erträglich und unscheinbar, nicht weil er unsichtbar unscheinbar grau ist, sondern weil er auf einmal Farbe bekommt. Jugendliche färben ihren Block, ihre Fantasie macht die Welt farbig. Sie eröffnet mir eine Möglichkeit. Warum eigentlich nicht? Warum ist die Farbe aus den Wohnvierteln verdrängt? Die Frage stellt sich, weil man hier sieht, wie farbig sie sein könnten. Der Blick geht über das hinaus, was ist.

Über das hinausschauen, was ist. Was für eine wichtige Kompetenz für die Zukunft unserer Gesellschaft und für die Sichtweise eines jeden Einzelnen auf seinen Lebensweg. Wenn das, was ist, nicht alles ist, ist das, was ist, zu ändern.

Ganz wörtlich wird dies umgesetzt, indem das Foto in seiner Beschränktheit erweitert wird. Indem das Bild über den Rand hinaus weitergemalt wird. Den Rand und Raum überschreiten. Das Wandern im Raum bedeutet auch immer, es vergeht Zeit. Die alte Eiche. Seit Jahrzehnten steht sie da. Es war mir nicht klar, wie lange diese alte Eiche auf ihrem Platz steht, Brackel betrachtet, von Brackel betrachtet wird und ihre Blätter jedes Jahr fallen lässt auf den Boden von Brackel. Jedes Jahr seit über 150 Jahren neue Blätter produziert, um sie wieder fallen zu lassen auf den Kirchplatz, auf den Hellweg, auf die Menschen, die im Herbst unter ihr hergehen. Ein alter Baum, der mehr gesehen hat als all die lebenden Wesen, die an ihm vorbeiziehen. Mapping bedeutet, diesen Raum noch zu überschreiten. Denn diese Art von Baum gibt es nicht nur hier, es gibt ihn an anderen Orten, in anderen Regionen, und auch dort treiben die Bäume jedes Jahr ihre Blätter und Blüten und lassen sie im Herbst fallen. Zeit vergeht und sie sind ein beständiger Anhaltspunkt. Sie erleben mehr Geschichte, als wir Menschen fähig sind zu leben. Das Mapping eröffnet nicht nur einen anderen Blickwinkel in den Raum, sondern auch in die Zeit, in unsere Geschichte. Zum Beispiel die Geschichte des Hellwegs. Auch in diesem Kunstbuch findet die Eiche einen Platz. Eine Forschungsreise mit vielen Bildern und ausführlichem Tagebuch über den Prozess des Schaffens zu der alten Handelsstraße, dem Hellweg. Mit Informationen gespeist durch den Pfarrer, die Bibliothek und 21 WWW-Adressen.

Bei dieser Art kultureller Jugendarbeit geht es zum Glück um mehr, als Kompetenzen für die Ansprüche flexibler Arbeitsanforderungen auszubilden. Hier geht es um Persönlichkeitsentwicklung, Bewusstsein über gesellschaftliche Prozesse und Beziehungen, Vielfalt der Möglichkeiten und nicht zuletzt die Lust am Leben.

Ursula Tjaden
ZUM BEISPIEL ASSELN –
EIN BLICK AUF DEN HELLWEG

Im Rahmen eines Fotoprojekts »So stark wie Dortmund« am Seminar für Kunst Kunstwissenschaft der Technischen Universität Dortmund 2005

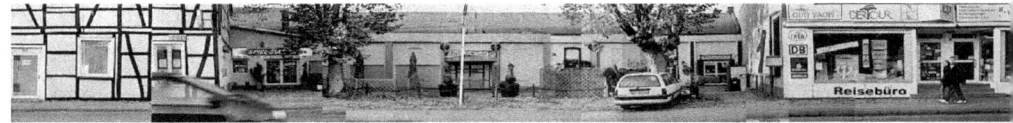

Gemeinschaftsarbeit der Studierenden des Fotoprojekts »so stark wie Dortmund«.

Was Auswärtige zunächst sehen:

Körne, Wambel, Brackel, Asseln, Wickede – Vororte aufgereiht am Hellweg, der verbindenden Ader, wenn man von der Stadtmitte nach Osten fährt. Es ist kein Vergnügen, diese Straße zu befahren. Der Autofahrer muss sich noch mehr als sonst konzentrieren. Hier werden alle Anforderungen gleichzeitig gestellt: wechselnder Straßenbelag, der schon viel »ertragen« hat, schadhaft und geflickt, auch vernachlässigt und nur teilerneuert; mehrere Fahrspuren, dazwischen der Schienenstrang; rechts und links Abbieger und Einmünder; Verengung durch anhaltende Autos; Trassenwechsel durch veränderte Führung der Straßenbahn; dazu die mehrfachen Baustellen und Umleitungen. Ebenso die Fahrradfahrer, sie müssen höllisch aufpassen, um nicht an Gleisen, Straßenschäden und der Konkurrenz mit Autos zu scheitern. Die Fußgänger haben auch keinen sicheren Stand auf den schäbigen Pflasterungen und auf den teilweise sehr schmalen Gehsteigen. Die Strecke fordert viel, sie wird keinem Teilnehmer gerecht, jedoch die meisten kommen irgendwie zurecht.

Die Bebauung zu beiden Seiten wird von den fahrenden Verkehrsteilnehmern nur aus den Augenwinkeln wahrgenommen. Bis zu dem Feld vor Asseln und dem Feld hinter Asseln gibt es keine Zäsur zwischen den einzelnen Orten. Die Abfolge der Häuser wird als strukturlos, willkürlich, chaotisch, gesichtslos erlebt. Man fährt durch, man steuert ein Ziel an. Die Straße regt keineswegs zum Anhalten oder gar zum Verweilen an.

Was man durch Hinschauen erfahren kann:

Und doch sollte man anhalten, um genauer auf das zu sehen, was zunächst kaum lohnend erscheint. Austauschbare Eindrücke in Körne, Wambel, Brackel, Asseln, Wickede. Nehmen wir zum Beispiel Asseln.
Es geht weniger darum, sich umzusehen, dahin und dorthin zu blicken, sondern zu versuchen, sich klarzumachen, was der Hellweg, diese Ader durch den Ort, heute ist. Das geht nur durch »Festhalten«, zum Beispiel Fotografieren, Abschnitt für Abschnitt, und das anschließende Montieren des Zusammenhangs. Das Aufnehmen erfolgt am besten am Sonntagvormittag, wenn nur wenige Autos die Sicht auf die gegenüberliegende Straßenseite versperren. Das Stativ wird, falls möglich, an der Bürgersteigkante, hier der südlich gelegenen, aufgestellt, so dass auch die unterschiedliche Straßenbreite bis zur gegenüberliegenden Bebauung mit ins Bild kommen kann. Die Kamera wird vor allem auf die Zone gerichtet, die der unmittelbare Erlebnisraum der Passanten ist, das Erdgeschoß mit seinen unterschiedlichen Nutzungen.

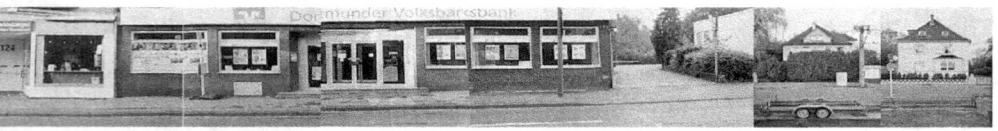

Hier zeigt sich, was an Spuren der Vergangenheit geblieben ist, wie ehemalige Zustände verändert, neuen Bedürfnissen angepasst wurden, wie viel Leben, aber auch was an Niedergang heute festzustellen ist.

Auffällig ist, dass sich alles im Lauf der Zeit »irgendwie« aneinander und dazwischen gefügt hat, dass erst in jüngster Zeit gewisse Abschnitte von Großunternehmen aufgrund von Planungen und nur für eigene ökonomische Bedürfnisse gestaltet werden. Kein Rhythmus, keine baulichen Konzentrationspunkte sind feststellbar. Selbst die beiden Kirchen, unmittelbar am Hellweg gelegen, sind nicht Mittelpunkte von Plätzen, Anziehungspunkte für das Versammeln der Bevölkerung. Wirklich alte historische Elemente sind selten: vereinzelt übrig gebliebene Wirtschaftsgebäude von Bauernhöfen, Fachwerkhäuser in unterschiedlichem Zustand. Die katholische Kirche und der Umbau der evangelischen Kirche (deren viel ältere Elemente fallen nicht sofort ins Auge) stammen vom Ende des 19., Anfang des 20. Jahrhunderts. Um 1900, das muss eine Zeit des Aufschwungs gewesen sein, als Bürger den Mut hatten, hier zum Teil große Mehrfamilienhäuser mit Gewerbe, ab und zu auch repräsentative Villen mit Stuckdekor im Stil der Zeit zu errichten. Daneben Häuschen, in denen schon immer ein bescheideneres Leben gelebt worden ist. An anderer Stelle plötzlich großzügige Vorgärten mit einzeln stehenden Ein- oder Zweifamilienhäusern aus den 20er/30er Jahren; einfache Nachkriegsbauten der 50er Jahre, um Wohnraum zu schaffen und Gewerbe wieder zu ermöglichen; Schneisen geschlagen, um Supermärkte dazwischen zu setzten; natürlich auch die Sparkasse in ihrem bundesweiten Einheitsstil und konfektioniert wirkende, langweilige Häuserblöcke, beides aus den 70er Jahren.

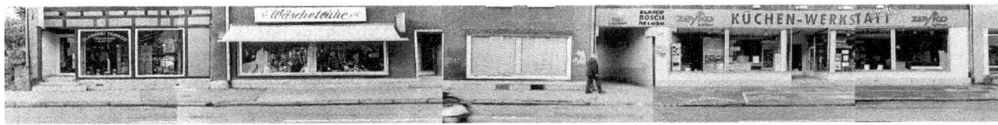

Am auffälligsten sind die vielen Läden, vor allem kleine und mittlere. Sie wurden in alle bereits bestehenden Haustypen, auch in Fachwerk- und Schieferhäuser, eingebaut. Die schmalen Eingänge und vor allen die schmalen Schaufenster der Gründerzeithäuser mussten großen Öffnungen weichen. Der Kunde sollte schon von außen die Fülle und den Charakter der Ware sehen. In den nach dem Zweiten Weltkrieg errichteten Häusern war sowieso das Erdgeschoß von vornherein für Handel oder Dienstleistungsgewerbe vorgesehen. So entstanden lange Abschnitte mit durchgehenden Glasfronten. Dazwischen gibt es noch vereinzelt alte Kneipen, Imbisse mit Tradition und Gastwirtschaften, ab und zu ein reines Wohnhaus, dann eine Großtankstelle. Die Handwerksbetriebe sind ganz aus diesem Blickfeld verschwunden. Sie wurden wohl auf die Rückseiten verlagert oder komplett in neue Industriegebiete ausgelagert. Nur ihre Verkaufsräume liegen noch zur Straße. Viele Branchen haben sich verändert. Da die Bevölkerung immer weniger Wert auf Wohnen an der lauten Verkehrsader legt und sich in die dahinter liegenden Wohngebiete zurückgezogen hat, gibt es kaum mehr die Geschäfte für den täglichen Bedarf. Es gibt noch Spezialgeschäfte wie die Apotheke und den Friseur, den Elektrofachhandel, das Waschmaschinengeschäft, einen Laden für Pumpen, das Wäschegeschäft, die Wettannahme, aber jetzt auch den Beauty-Shop, das Fingernagelstudio, den Video-Laden, die Döner-Bude, das Handy-Geschäft, auch Versicherungsvertretungen, ein Reisebüro, einfache und bessere Gaststätten mit ausländischer Küche. Von den auch vorhandenen Geldinstituten einmal abgesehen, sind es kleinere und mittlere Gewerbetreibende, die mutig versuchen, ihren Platz gegenüber den großen Ketten im unmittelbaren Umfeld oder auf der Grünen Wiese zu halten. Sie hoffen auf den örtlich nahen Zusammenhang mit den anderen Gewerbetreibenden, auf die Nähe der Wohngebiete, auf die Treue der angestammten und der seit Jahren zugezogenen Bevölkerung, auf das Halten ihrer Stellung im Kampf gegen das Oberzentrum, die heute gut erreichbare Innenstadt.

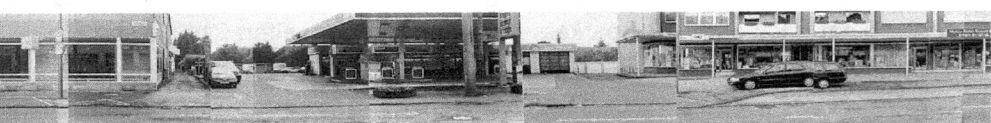

Viele Läden stehen leer. Die wirtschaftliche Krise zeigt sich hier ganz unverhohlen. Es ist nicht nur die allgemeine Krise des Einzelhandels gerade auch in den Randgebieten. Es sind nicht zuletzt die seit 10 Jahren drohenden Baumaßnahmen am Hellweg, die viele Ladenbesitzer zu Aufgabe veranlasst haben. Andererseits: Was dem Außenstehenden an manchen noch laufenden Betrieben improvisiert, nicht sehr ansprechend, wenig konkurrenzfähig vorkommen mag, kann doch vom Willen und der Kraft des einzelnen Unternehmers zeugen, sich im Rahmen seiner Möglichkeiten Veränderungen anzupassen und gleichzeitig sich dem Überrollen durch die von außen verfügten Widrigkeiten entgegenzustemmen. Ohne Hilfe von außen wird ein fortschreitender Niedergang, besonders aufgrund der nun schon jahrelangen Baumaßnahmen, kaum vermeidbar sein. Hier wäre zur Stärkung, beziehungsweise zu Wiederbelebung von Unterzentren die engagierte Planung der zentralen Stadtverwaltung, die Zusammenarbeit ihres wirtschaftlichen, verkehrstechnischen, kulturellen und baugestaltenden Sektors gefragt.

Katharina Tewes
BERATENDE BEGLEITUNG BEIM »MAPPEN«

»Bei den Studierenden geht es zu gleichen Teilen um den Prozess wie um das Produkt. An beiden werden sie, im Idealfall, lernen.« (Aigner)

Gegebenheit

Im WS 2007/2008 fand sich im Vorlesungsverzeichnis für den Fachbereich Kunst und Materielle Kultur an der Technischen Universität Dortmund ein künstlerisches Seminar mit dem Titel »Zwischen Scharnhorst, Aplerbeck, Innenstadt-Ost und Unna – Mapping Brackel!« statt. Ein Stadtteil wurde Thema der künstlerischen Auseinandersetzung. Dabei kam es auf den individuellen Blick, den nach eigenen Interessen gelenkten Zugang auf diesen Ort an. Entstehen sollten künstlerische »Landkarten« von Brackel, die einer persönlichen Fragestellung folgend in aussagekräftige Bilder umgesetzt wurden. Die Arbeiten des Seminars wurden in zwei Ausstellungen präsentiert.

Voraussetzung der Studierenden

Eine Einschränkung der Teilnehmer und Teilnehmerinnen auf einen Studienabschnitt war nicht vorgesehen. Einige Studierende stiegen mit diesem Seminar in die künstlerische Arbeit an der Universität ein, andere nutzten die Veranstaltung, um für ihre künstlerische Abschlussprüfung zu arbeiten. Sowohl Studienanfängerinnen als auch fortgeschrittenen Studierenden galt es gleichermaßen eine Entwicklung ihrer künstlerischen Arbeit zu ermöglichen.

Initiieren von Mapping-Prozessen

Was muss ich an Information liefern? Wie sollen die Teilnehmer arbeiten? Gewählt wurde ein sehr offener Einstieg. Als erster bildlicher Gegenstand wurde ein Stadtplan vorgestellt, ein Beispiel von lesbarem Informationsvermittler, mit dessen Farb- und Formsymbolik wir uns in einem unbekannten Gebiet orientieren können. Verschiedene Künstler, die sich mit Raum auseinandersetzen, wurden vorgestellt, mögliche individuelle Untersuchungsthemen diskutiert und unterschiedliche Zugänge zum Ort ausprobiert.

Mapping erfordert einen hohen Anteil an gedanklicher Arbeit, die erst im Endergebnis sichtbar wird. Das Einführen einer Sprachkultur über die Zwischenergebnisse ist ein wichtiges Element, damit eine Basis für Austausch und Kritik untereinander wachsen kann. Das Anforderungsniveau, mit Blick auf eine Ausstellung zu arbeiten, ist hoch und setzt unter Druck.

Individuelle Beratung

Zunächst mussten die Startvoraussetzungen der einzelnen Teilnehmerinnen erfasst werden. Abzulesen ist dies an den ersten bildnerischen Entwürfen. Welche Ideen haben sie im Hinblick auf die weitere Arbeit? Können sie sich mit der gewählten Arbeitsweise identifizieren, macht ihnen die Arbeit Spaß? Funktioniert das Zeitmanagement? Wird das Arbeiten in einer Serie verstanden? Können sich die Teilnehmer individuell weiterentwickeln? Sind die Teilnehmer in der Lage, ihr Tun adäquat zu kommunizieren?

Als Zugang zu den Ideen habe ich Fragen gewählt. Fragen, die immer mehr und genauer wissen wollen, worauf es den Ausführenden ankommt, was sie ausdrücken möchten. Um Fortschritte der Teilnehmerinnen zu provozieren, waren manchmal banal wirkende Ratschläge wirksam, die den nächsten Handlungsschritt eingeleitet haben: Sortiere deine Fotos nach Themen! Versuche das festgelegte Schema des Stadtplans spielerisch anzuwenden. Klebe deine Fotos so auf, wie du sie kombinieren möchtest.

Die Aufgabe von mir habe ich darin gesehen, einen Rahmen für die künstlerische Arbeit der Teilnehmerinnen zu geben. Es wurden die Rahmenbedingungen geklärt, in individuellen Gesprächen die Ideen der Teilnehmerinnen konkretisiert und die verschiedenen Möglichkeiten für die weitere Arbeit formuliert. Dabei war das gegenseitige Aufmerksammachen und Weiterbringen in der Arbeit durch die Studentinnen erbeten, wobei dieser Aspekt in der Arbeitsweise des Seminars erst langsam erarbeitet wurde. Es reicht nicht, Bildideen nur verbal zu formulieren. Bei gleicher Beschreibung finden sich so viele unterschiedliche Ausführungen wie beteiligte Personen. Prozesse der

Themenfindung sind innere Entscheidungen und sind nicht durch Außenstehende beobachtbar, weshalb Skizzen oder andere visuelle Notizen notwendig für den Austausch sind. Die entstandenen Endergebnisse haben mich durchweg positiv überrascht.
Beispielhaft für die anderen wird ein Beratungsprozess mit einer Studentin, erstes. Semester, formuliert.

Welches Thema wird gewählt? Und warum?

Ihre anfängliche Themenwahl, die Pferderennbahn, hat die Studentin überdacht und geändert. Ihr war der Rahmen zu groß, die Anforderung auf einem Gelände mit unbekannten Menschen in Kommunikation zu treten und sich selbst auf einen begrenzten Bereich zu beschränken, der bearbeitet wird, ist umso schwieriger, je unübersichtlicher das Gebiet ist. Die zweite Wahl, ein Hundesalon am Brackeler Hellweg, ergab im weiteren Verlauf der Arbeit eine Zufriedenheit durch die Überschaubarkeit.

Herangehensweise der Studentin

Im Hinblick auf die Ausstellung am Ende des Semesters plante die Studentin großformatige Malerei, in der inhaltlich die Vielfältigkeit der Rennbahn miteinander verknüpft dargestellt werden sollte (à Vorbild Historienmalerei).
Skizzenhaftes zeichnerisches Einfangen von Details im Hundesalon ist die nächste bildnerische Idee, die von ihr vorgestellt wurde (à Anpassung der eigenen Arbeitsweise an vorgestellte Arbeiten im Seminar).
Es folgten kleinteilige detailverliebte Zeichnungen, die Aspekte aus dem Hundesalon wiedergaben. Teilweise wurden Fotografien als Vorlage genutzt, die von der Studentin selbst aufgenommen wurden. Mit diesen Zeichnungen hat die Studentin an ihre eigenen Vorlieben und Fähigkeiten angeknüpft. Ab hier konnte eine direkt an das bildnerische Können der Studentin angepasste Beratung beginnen.
Anhand ihrer zur Diskussion dargelegten Zeichnungen wurden Komposition, Intention der Zeichnung, Einstellung zur Zeichnung während der Schaffensphase, Beiläufigkeit und spielerischer Umgang im Entstehungsprozess, Umgang mit Material und dessen Wirkung, reflektiertes, verbales Vorstellen der Arbeit mit den Seminarteilnehmerinnen besprochen und Kritikfähigkeit untereinander eingefordert.

Künstlerisches Mapping im Kontext

Mapping ist der Schwerpunkt der Veranstaltung gewesen, sie lässt sich aber nicht darauf reduzieren. Angeschnitten in der Beratung wurde immer wieder die subjektive Verknüpfung mit dem Ort, die Frage nach der Zeit, die man an einem Ort verbringt und das eigene Interesse.

Die künstlerische Erforschung von Orten ist als Prozess aufzufassen. Sie findet statt in einer »… temporären körperlich-geistigen Orts-Besiedlung (und ereignet sich) als ein transistorisches Verfahren in verschiedenen Zeiten …, (wobei) der jeweilige Ort als Knotenpunkt im Netz des Lebensraums und der Lebenszeit des Subjekts zum essentiellen Selbst-Verhältnis (wird), indem das künstlerische Subjekt sich selbst- und fremdreferentiell erdenkt, erfindet, erfährt, erforscht, erfühlt, erhandelt und erlebt.« (Kettel, 241) Was hier in einem Satz verdichtet ausgedrückt wird, ist die Komplexität, mit der sich Studierende einem Thema widmen. Es geht um Ort, Zeit und Selbst verknüpft durch Handlung. Eine direkte Abgrenzung zu einem Einzelaspekt ist schwer möglich, doch haben die Aspekte für jedes Subjekt ein individuelles Gewicht.

LITERATUR:
Uli Aigner: Fragen mit Antworten, in: Marr, Stefanie (Hg.): Tischgesellschaft, Künstlerische Praxis in Lehr- und Lernprozessen, Oberhausen 2007, ohne Seitenangabe.
Joachim Kettel: Selbstfremdheit, Elemente einer anderen Kunstpädagogik, Oberhausen 2001.

Katharina Weik

MAPPING BRACKEL! – EIN ERFAHRUNGSBERICHT

1. Lernen lehren

Wir wollen, dass Schüler lernen. Wir wollen, dass Schüler dauerhaft lernen, selbständig und eigenverantwortlich handeln, sodass sie sich in unserer Gesellschaft zurechtfinden. Das Leben nimmt zunehmend komplexe Gestalt an. Es wird zunehmend schwieriger, die »wichtigsten« Inhalte für die Schule zu bestimmen. In Anbetracht der Fortschritte in Technik und Wissenschaft und in Anbetracht gesellschaftlicher Veränderungen durch Interkulturalität und Globalisierung ist es wichtiger als je zuvor, dass Schüler lernen zu lernen: »Die Kunst des Lehrens hat wenig mit der Übertragung von Wissen zu tun, ihr grundlegendes Ziel muss darin bestehen, die Kunst des Lernens auszubilden.« (E. von Glasersfeld, in: Bovet 2006 S. 54). Im Prinzip ist das nichts Neues. Lernen war schon immer das Hauptanliegen von Schule. Das Umdenken geschieht vor allen Dingen in der Vorstellung **wie** Lernen funktioniert. Sowohl geisteswissenschaftliche Erkenntnisse als auch neurowissenschaftliche Erkenntnisse belegen, dass Lernen nicht vermittelt werden kann, sondern ausschließlich durch Eigenaktivität geschieht.

»Vermitteln kann man eine Mietwohnung oder vielleicht sogar Heirat. ‚Stoff' jedenfalls kann man nicht vermitteln! Ebenso wenig wie Hunger. Hunger produziert sich jeder selbst, und Lernen produziert sich auch jeder selbst.... Gehirne bekommen nichts vermittelt. Sie produzieren selbst.« (Spitzer, 2007 S. 417).

Auch geisteswissenschaftliche Erkenntnisse geben die notwendigen Hinweise, dass wir traditionelle »Vermittlungsstrukturen« aufbrechen müssen zugunsten handlungsorientierter offener Unterrichtsformen. Im konstruktivistischen Sinne steht der Schüler im Mittelpunkt aller Planungsprozesse von

Unterricht. Die Stärkung des Willens der Kinder und Jugendlichen bildet das Grundprinzip konstruktivistischer Didaktik. »Im konstruktiven Lernen steckt die Forderung, etwas zu wollen. Dieses Wollen entsteht durch konkrete Auseinandersetzungen, Erlebnisse, Erfahrungen, die sich nicht instruktiv aufprägen lassen. Ich kann keinem Lerner – außer durch rigide Vorschriften und autoritäre Unterwerfungsstrategien – in seinem Wollen instruktiv unterweisen. Der Wille zu einem Engagement, ästhetischen Stil, einem Experiment, einer Tat entsteht nur dort hinreichend, wo ein Raum der Ermöglichung ist.« (Reich, 2002 S. 221).

Wie sollen individuelle Fähigkeiten und Kompetenzen gefördert werden, wenn ich auf den Unterricht bezogen ein Lernziel für 30 Schüler formuliere, so wie es in traditionellen Unterrichtsstrukturen üblich ist? Als Lehrende ist man einerseits dazu aufgefordert bestimmte Inhalte und Kompetenzen Schülerinnen und Schülern näher zu bringen, auf der anderen Seite jedoch schülerorientiert und auf den einzelnen Schüler abgestimmte Unterrichtsvorhaben zu planen und durchzuführen. Dies stellt ein Paradoxon zwischen individualisiertem, qualitativem Lernen und standardisiertem, quantitativem Lernen dar.

Das Mapping-Projekt Brackel bot mir die Gelegenheit meinen Unterricht in einem 11. Jahrgang ganz auf das qualitative, individualisierte Lernen abzustimmen. Einige Aspekte sollen im nächsten Abschnitt beschrieben werden.

2. »Mapping-Brackel!« mit dem 11. Jahrgang der Europaschule

Unter Mapping versteht man im kunstdidaktischen Kontext die ästhetisch-künstlerische Erforschung von Räumen. Auf die Schule angewandt bietet es sich an, das direkte Lebensumfeld der Schüler zu erkunden. So bezieht man den direkten räumlichen Lebenskontext der Schüler mit ein, aus dem ein individueller Zugang für jeden Schüler möglich ist. In unserem Falle ist es die Erforschung des Stadtteils Brackel, in dem auch die Schule liegt. Mapping steht im Kontext offener Unterrichtsformen. Im Unterschied zu traditionellem Unterricht öffnet sich der Unterricht beim Mapping in vielerlei Hinsicht. Es werden keine einheitlichen Ziele formuliert und die Wahl der Technik für die Umsetzung der gestaltungspraktischen Arbeit ist frei wählbar. Wichtig ist bei dieser Offenheit, den Schülern den Raum zu gewähren, eigene Ideen zu entwickeln und sie dann an den richtigen Stellen zu leiten, um die Realisation der Ideen zu ermöglichen.

Gemeinsame Ebene

Zunächst galt es am Anfang der Unterrichtsreihe, eine gemeinsame Ebene zu schaffen, von der aus Schüler handlungsorientiert und selbstständig handeln können. Für diese gemeinsame Ebene sind drei Aspekte besonders wichtig gewesen.

- **Künstlerische Strategien:** Die Schüler mussten eine Vorstellung davon bekommen, was Mapping bedeutet, bzw. welche künstlerischen Strategien für die Umsetzung eigener Projektvorhaben möglich sind. Allzu oft beschränken sich die Vorstellungen von künstlerischen Verfahren auf das Zeichnen und Malen. Die Schüler hielten daher Kurzreferate über ausgewählte Künstler, die Mappingverfahren für ihr künstlerisches Handeln nutzen (u.a. Anna Oppermann, Joseph Cornell, On Kawara, Richard Long, Peter Piller). Im Anschluss daran planten und führten wir eine gemeinsame Exkursion in Brackel durch. Die Referate über die Künstler als auch die Exkursion sollten für die Schüler genügend Anlass sein, sich ein eigenes Thema zu stellen und sich ein Handlungskonzept für das eigene Projektvorhaben zu überlegen.

- **Prozessorientierung:** Wichtig für die gesamte Arbeit war es, den Schülern die Prozessorientierung der Aufgabe transparent zu machen. Jeder Schüler musste seinen Arbeitsprozess in einem Künstlerbuch dokumentieren. Das Künstlerbuch ist für derartige Unterrichtsformen unerlässlich, denn es ist der Ort, an dem nachweislich »Lern«-Spuren zu erkennen sind. In erster Linie dient es den Schülern, ihre Gedanken sichtbar zu machen und für sich eine Grundlage der Reflextion zu bilden. Die Schüler werden ständig dazu aufgefordert, ihre Ideen in Form von Skizzen oder Notizen festzuhalten. Diese »Lernspuren« können als Gesprächsanlass dienen zwischen Lehrer und Schüler, um Ideen und Durchführung kritisch zu beleuchten.

- **Forschergeist / Interesse:** Als Lehrer wollte ich die Schüler dahin führen, in gewisser Weise die Haltung eines Forschers einzunehmen. Ein Forscher zeichnet sich besonders dadurch aus, dass er Fragen an eine Sache hat. Die Schüler sollten Fragen entwickeln zu ihren Themen, die ihr Interesse an der Sache bekunden. Das Interesse an der Sache ist die Grundvoraussetzung für ein Mapping-Vorhaben.

Ideenfindung – Ideenverwirklichung

Nachdem die Schüler eine Vorstellung hatten, was sie für künstlerische Strategien anwenden konnten, waren sie aufgefordert, ein eigenes Konzept zu entwickeln zum Thema Brackel. Diese Phase war einerseits durch hohe Motivationsschübe auf der anderen Seite aber auch durch Orientierungslosigkeit gekennzeichnet. Interesse für eine Sache zu entwickeln, erfordert zunächst einen Blick nach Innen. Im konstruktivistischen Sinne ist jeder Schüler in dieser Phase dazu aufgefordert zu fragen, was er denn eigentlich will im Rahmen dieser offenen Aufgabenstellung. Wo liegen die Interessen, wo liegen die Fragen des Einzelnen? Die Orientierungslosigkeit der Schüler resultiert aus der ungewohnten Situation, eigene Bedürfnisse ins Zentrum eines möglichen Lernanlasses zu stellen. Solche Momente sollten Schülern möglichst oft im Schulalltag begegnen, denn die einzige feste Orientierung, Entscheidungen zu treffen in unserer komplexen heterogenen Welt, ist letztlich ihr eigener Wille.

Einige Schüler hatten sehr viele Ideen. Hier entstand eher das Problem der Umsetzung. Am Ende des Projekts wurde für diese Schüler erfahrbar, in welchem Verhältnis Ideen und Realisation stehen. Viele Ideen konnten nicht umgesetzt werden aus Zeitmangel oder weil es an bestimmten Materialien mangelte. Schülern wird an dieser Stelle bewusst, in welchem Verhältnis Ideen und ihre Umsetzbarkeit stehen. Sie gewinnen ein Bewusstsein für die Durchführbarkeit ihrer Ideen, die von äußeren Bedingungen, aber auch von den Kompetenzen des Einzelnen abhängen (Zeiteinteilung, Durchhaltevermögen, handwerkliches Geschick u.a). Schüler bekommen dadurch ein Gespür für ihre Stärken und Schwächen. Selbsteinschätzung ist wiederum eine Kompetenz, die nicht hoch genug anzusehen ist, denn sie ist der Grund, sich in der Welt oder erstmal im Rahmen einer Mapping-Aufgabe zu orientieren.

Realisationsprobleme

Gewähre ich Schülern so viel Freiheit, dass jeder ein individuelles Thema bearbeitet mit individueller Technik, so steht der Lehrende vor einem großen organisatorischen Problem. Rein von der räumlichen Organisation erfordern Mapping-Projekte oder offene Aufgabenstellung die Einrichtung einer Werkstatt mit einer umfassenden Ausstattung an Geräten und Materialien. Je mehr Geräte und Materialien in Form einer geordneten Werkstatt vorhanden sind, desto offener kann ich als Lehrender die Aufgabe halten. Das Hauptproblem der Realisation der guten Ideen in unserem Projekt bestand darin, dass die Kunstfachräume an der Europaschule (noch) keinem Ordnungsprinzip im Sinne einer Werkstatt entsprechen. Die Idee der Werkstatt ist vorhanden und im Schulcurriculum verankert. Der nächste Schritt ist die Bildung eines praktikablen Konzepts zu Realisierung des Werkstattprinzips und die stetige Umsetzung desselben. Die Realisierung des Werkstattprinzips im Schulalltag kann nur in kleinen Schritten vor sich gehen. Das Mapping-Projekt diente in dieser Hinsicht als wertvolle Quelle der Erfahrung, die für die Erstellung eines Konzepts zur Werkstattarbeit äußerst nützlich ist. Hier kann überprüft werden, was für die Durchführung offener Aufgabenstellungen erforderlich ist. In diesem Sinne hatte das Mapping-Projekt starken experimentellen Charakter mit vielen Unsicherheitsfaktoren. Doch wie sollen sich Veränderungen vollziehen, wenn sie nicht mehrmals ausprobiert, reflektiert und evaluiert werden?

Fazit

Das Mapping-Projekt im 11. Jahrgang an der Europaschule entsprach einem ersten Versuch, eine weit geöffnete Aufgabenstellung im Sinne offener Unterrichtsformen durchzuführen. Die Erfahrung mit diesem Projekt bestärkt mich darin, weiterhin nach Lösungen für die Durchführbarkeit offener Unterrichtsformen zu suchen und damit den Ansatz des Werkstattprinzips im Kunstunterricht in jeder Hinsicht weiter auszubauen. Denn es scheint mir wichtiger als alles andere, Schülern authentisches Lernen zu ermöglichen. Schüler denken zu sehr in Noten und Bewertungsmustern, was ein von außen bestimmtes Lernen charakterisiert. Erst die Offenheit eines zu gestaltenden Feldes lässt individuelle Wege zu. Unterrichtsverfahren, die die Kontrolle der Lernwege im Mittelpunkt stehen haben, lassen individuellen Wegen wenig Raum. Anstatt Kontrolle sollten wir den Schülern Vertrauen entgegenbringen in ihre Fähigkeiten und in ihren Ideenreichtum. Der Ideenreichtum und die Vielfalt sind aus den Ergebnissen besonders ersichtlich.
Schule bereitet auf ein komplexes, heterogenes Leben vor. Also warum sollten wir unser Lernangebot nicht auch komplex und heterogen gestalten?
Die Prozesshaftigkeit, die das Hauptmerkmal von Mapping ist, müsste in weiteren Projekten noch viel stärker betont und gefördert werden. Auch die Schüler brauchen Zeit, sich einem neuen Verständnis des Lernens zu stellen. Das ist ein Aspekt, der kontinuierlich trainiert werden muss. Mapping lernt man nicht nach einem Versuch. Es sind viele Versuche notwendig, sowohl

für die Schüler als auch für den Lehrkörper. In diesem Sinne würde ich ein Mapping-Projekt immer wiederholen. Mit zunehmender Sicherheit im Unterrichten, mit dem Aufbau von Werkstattelementen im Unterricht werde ich als Lehrende den Schülern bei einem weiteren Versuch bessere Rahmenbedingungen schaffen können, die offene Aufgabenstellung auch sinnvoll zu nutzen.

Abschließend möchte ich den Schülern meinen Dank aussprechen, die sich offen und motiviert auf das Projekt eingelassen haben und mir damit ein großes »Lernarrangement« geboten haben.

Herrn Preuss möchte ich auch danken, uns in dieses Projekt mit aufgenommen zu haben. Die Kooperation zwischen Schulen und Universität ist im Sinne der Öffnung von Schule sinnvoll und jederzeit zu pflegen.

Für die Bedingungen an der Europaschule bin ich auch sehr dankbar, da ich hier die Gelegenheit bekommen habe, diese neue Form des Unterrichtens auszuprobieren.

QUELLEN:
Gieslinde Bovet / Volker Huwendiek (Hrsg):
Leitfaden Schulpraxis. Berlin 2006.
Manfred Spitzer: Lernen. Gehirnforschung und
die Schule des Lebens. Heidelberg 2007.
Kersten Reich: Konstruktivistische Didaktik. Lehren und
Lernen aus interaktionistischer Sicht. Neuwied 2002.

Stefanie Olendorf
DER HUNDESALON

Als Erstsemesterin habe ich das Seminar »Mapping Brackel!« besucht, das immer dienstags im Kulturzentrum balou in Brackel stattgefunden hat.

Mir fiel es zunächst sehr schwer, ein für mich geeignetes Thema zu »Mapping Brackel!« zu finden. Die Möglichkeiten eines ganzen Stadtteils schienen mir unendlich, es gibt so viele Ansatzpunkte, so viele Dinge in einem Stadtteil, die es wert sind, dass man sich ihnen im Mapping zuwendet.

Ich hätte als Thema den Straßenmüll, die Geschäfte, die Verkehrsschilder, die Freizeitangebote, die Häuserfassaden oder die Menschen wählen können, die in Brackel leben, oder aber auch nur einen bestimmten Bereich, ein spezielles Geschäft, etwas, was einem sonst eventuell verborgen bleibt.

Ich entschied mich zunächst für die Pferderennbahn in Wambel, die mir schon vorher durch mein Interesse an Pferden bekannt war. Die Rennbahn besuchte ich während des Seminars zwei Mal, um dort meine Eindrücke in Zeichnungen festzuhalten. Schnell musste ich feststellen, dass ich mit meinem selbst gewählten Thema auf einige Probleme stieß.

Das Gelände der Rennbahn ist sehr groß und weitläufig und bietet viele Facetten, ich wusste nicht, wo ich anfangen und wo ich aufhören sollte zu zeichnen. Was war wichtig? Worauf sollte ich mich beschränken? Sollte ich mein Thema weiter eingrenzen?

Weiterhin kam hinzu, dass ich in diesem Kunstseminar große Freiräume erfahren habe, die ich zuvor aus dem Unterricht der Schule nicht kannte. Im Schulunterricht wurden Themen vorgegeben und eingeschränkt, die Lehrperson entschied, ob etwas gut oder schlecht ist – so kenne ich es aus dem Kunstunterricht, den ich früher in der Schule erfahren habe.

Ich entschied mich, das Thema »Pferderennbahn« fallen zu lassen, irgendwie fühlte ich mich überfordert – die Möglichkeiten schienen mir unendlich, und festlegen konnte ich mich auch nicht.

So konnte ich nach vier Wochen Seminar keine Ergebnisse in den Seminareinheiten vorlegen, während andere Kommilitonen schon ihre ersten Arbeiten zu ihrem Thema präsentieren konnten. Ich hingegen hatte noch nicht einmal ein Thema.

In der fünften Seminarwoche fuhr ich schon leicht frustriert von der Uni zum Kulturzentrum, als mir von der Straßenbahn aus ein kleines Geschäft auffiel. Aus der Tür des Geschäftes trat eine stolz blickende Dame, die einen Pudel auf dem Arm trug. Es handelte sich um einen Hundesalon. Das war etwas ganz Neues für mich, einen Hundesalon hatte ich noch nie betreten.

Was geschieht in einem Hundesalon eigentlich genau? Klar, der Hund wird frisiert, aber handelt es sich dabei um eine Notwendigkeit oder um die pure Eitelkeit des Besitzers?

Und wie genau funktioniert das dort (waschen, schneiden, föhnen?), macht das jeder Hund mit? So besuchte ich das Geschäft. Schon das Schaufenster war mehr als außergewöhnlich – Weihnachtslichterketten blinkten mit Strasshalsbändern um die Wette.

Im Salon begrüßte mich eine freundliche Dame, die sich über den Tresen beugte und auf meine Schuhe starrte. Sie suchte wohl meinen nicht vorhandenen Hund.

Ich hingegen schaute mich etwas irritiert in dem kleinen Salon um. Schon die Größe des Salons gefiel mir – die Möglichkeiten schienen mir hier nicht so enorm wie auf der Pferderennbahn, alles erschien mir eingegrenzter.

Hier gab es kein Hundeparadies – keine edlen Rassehunde, die auf einem Leckerli kauend auf einem Kissen sitzen und sich von allen Seiten verwöhnen lassen. Nein, die Realität sah anders aus. Staunend sah ich kleine Plexiglastische mit darüber liegenden Haltestangen (vergleichbar mit Mini-OP-Tischen), Haken, Ketten, Halterungen, Karabinerhaken, ganze Instrumentenbestecke, Klingen, Schneide- und Scheraufsätze wie auch einen Föhnboxautomaten. Auf einem der Tische saß ein in die Jahre gekommener Pudel, der ganz und gar nicht begeistert dreinblickte.

Meine Vorstellungen von solch einem Geschäft wurden überhaupt nicht bestätigt und so entschied ich, mich in meinem Mapping dem Hundesalon zuzuwenden, um auch anderen Menschen, die sich nicht mit Hunden auskennen, einen kleinen Einblick in diese Welt zu ermöglichen.

Zunächst fertigte ich schnell einige Skizzen an, die ich vor dem Tresen machte. Ich sammelte alle Eindrücke, die auf mich einwirkten – dabei schrieb ich auch auf, was ich im Hundesalon hörte: Fachsimpeleien unter Hundekennern, unterbrochen von Hundebellen.

In den nächsten Wochen nahm ich einen Fotoapparat hinzu und fotografierte alles, was mir vor die Linse kam, dabei machte ich auch Detailaufnahmen. Hierbei arbeitete ich hinter dem Tresen, in dem Bereich, wo der Kunde keinen Zugang hat.

Bis jetzt wusste ich noch nicht, wohin mich das führen sollte – ich habe einfach mal drauf- losgearbeitet. Es sind dabei viele Zeichnungen und Fotos entstanden.

Dann kam ich auf die Idee, Fotografie und Zeichnung zu kombinieren.

Zunächst habe ich nur einzelne Teile (z. B. einen Hund) der groß kopierten Fotos ausgeschnitten und durch Zeichnungen ersetzt. Die Idee gefiel mir gut und so habe ich im Salon sehr viele Fotos gemacht, auf denen möglichst viele Dinge zu sehen waren. Die Detailaufnahmen konnte ich nicht mehr gebrauchen.

Dann habe ich aus den Fotos ganze Teile herausgenommen (z. B. den oberen Teil eines Fotos) und durch Zeichnungen ersetzt. Plötzlich gefiel mir nicht mehr, dass das Bild an sich von der Kopie dominiert wurde. So habe ich Teile aus der Fotografie geschnitten und diese in meine Zeichnungen eingefügt, sodass daraus ein Gesamtbild entstand.

In dieser Zeit ist in den Bildern eine Entwicklung zu erkennen, sie sind zunächst noch recht steif, langsam wurden sie aber immer »freier«.

Bei der Entwicklung der verschiedenen Bilder haben mir die Seminareinheiten sehr geholfen. Man hatte die Möglichkeit, seine Bilder den anderen Kommilitonen vorzustellen, die einem dann Tipps gegeben haben, wie man bei der weiteren Arbeit verfahren könnte.

Anfangs hatte ich noch so meine Probleme mit der »konstruktiven Kritik«, aber letztendlich war diese doch sehr hilfreich. So sagte man mir beispielsweise, dass meine Bilder alle zu sehr dem Rahmen und dem realen Raum angepasst sind, dass diese auch mal etwas verrückter ausfallen könnten- dass ein Hund z. B. auf dem Kopf steht oder ein Gegenstand in der Luft hängt.

Diesen Rat habe ich mir zu Herzen genommen und zu Hause experimentiert, ich habe in meinen Bildern Grünpflanzen in Mülleimer gesteckt, Hunde an Leinen aufgehängt und Shampooflaschen aus Halterungen wachsen lassen.

Rückblickend hat mir mein erstes Seminar im Bereich Graphik sehr gut gefallen. Schon die Arbeit im Salon hat mir Freude gemacht, hierbei wurde ich immer von der Besitzerin des Salons unterstützt, ich durfte uneingeschränkt meine Aufnahmen und Zeichnungen machen.

Auch das Zusammentreffen mit anderen Kommilitonen in der Seminareinheit war immer spannend, man erhielt gute Vorschläge für die eigene Arbeit und konnte auch die Arbeiten und Fortschritte der Kommilitonen begutachten.

Ich habe in einigen Nächten die teilweise 5-fachen Kopien der Fotos zerschnippelt, wieder zusammengefügt, eigentlich schon fertige Bilder wieder aufgelöst, Hunde und Gegenstände gezeichnet und doch wieder überklebt, mich über meinen lahmen Drucker aufgeregt und hatte doch einen großen Spaß dabei – für mich ist das ein Zeichen dafür, dass ich mit dem Fach Kunst und mit dem Graphikseminar »Mapping Brackel!« genau das Richtige gewählt habe.

Nicole Lezak
MEIN BLOCK

Als uns im Kunstunterricht der Schule der Vorschlag gemacht wurde, an dem Projekt »Mapping Brackel!« teilzunehmen, war ich von Anfang an daran interessiert. In meinem Entschluss, an diesem Projekt teilzunehmen wurde ich noch bestärkt, als Herr Preuss uns in einer der darauffolgenden Kunststunden dieses Thema genauer erklärte und uns auch die Arbeiten der Studenten zeigte.

Ich tat mich mit einer Mitschülerin zusammen und wir fanden ziemlich schnell ein Thema, und zwar »Mein Block«. Wir wollten unsere Wohngegend, insbesondere Mehrfamilienhäuser, Mauern, große Müllcontainer und Graffitis zu verschiedenen Tageszeiten fotografieren. Die Fotos wollten wir dann irgendwie bearbeiten. Ganz konkrete Vorstellungen, wie wir das umsetzen wollten, hatten wir zu diesem Zeitpunkt noch nicht.

Da sich dieses Projekt über einen längeren Zeitraum erstrecken sollte, taten wir am Anfang nicht sehr viel. Da meine Partnerin und ich beide in Wickede wohnen, trafen wir uns, um Fotos zu machen. Wir druckten die Bilder zu Hause am PC aus und bearbeiteten diese in der Schule, da wir uns in den darauffolgenden Stunden intensiver mit diesem Thema befassten.

Zuerst sortierten wir die Bilder, die uns nicht gefielen aus und die übrigen Bilder malten wir mit verschiedenen Stiften mit grellen, nicht in der Natur vorkommenden Farben an. Einige Bilder zerschnitten wir in unregelmäßige Abschnitte, ordneten sie neu an und klebten sie dann auf die Plakatpappe auf. Zwischen den Abschnitten ließen wir Abstände, die dann durch verschiedene farbige Stifte ausgefüllt wurden. So entstanden ganz individuelle Collagen. Durch die intensive Farbgebung der eigentlich grauen und tristen

Wohnhäuser, Mauern und Container wirkte nun alles viel freundlicher und wärmer. Eine Idee, die Architekten vielleicht aufgreifen sollten.

Später kamen wir durch eine Studentin auf die Idee, die Fotos am Computer mit Photoshop (einem Bildbearbeitungsprogramm) zu bearbeiten. Dies taten wir auch, als sie uns ihren Laptop zur Verfügung stellte. Wir speicherten die Bilder auf einen Chip und druckten sie dann zu Hause aus. Da wir das Geld, das wir für die Materialien ausgaben, wieder erstattet bekamen, konnten wir auch Stifte, Druckertinte, Fotopapier und andere Dinge kaufen. Das fand ich gut, denn dadurch konnten wir auch mehr Techniken für unsere Arbeit umsetzen.

Ohne eine genaue Vorstellung von dem fertigen Werk zu haben, arbeiteten wir drauflos, taten das, was uns gefiel und das, was wir für richtig hielten. Das konnte zwar riskant sein, aber das, was am Ende dabei herauskam, war nicht schlecht.

Als Herr Preuss uns zum zweiten Mal einen Besuch abstattete, waren wir mit unserer Arbeit fast fertig. Wir waren bereits dabei, die Fotos aufzukleben und den Hintergrund zu verzieren. Herr Preuss nahm zwei unserer Plakate mit, um sie auf der Pressekonferenz zu zeigen. Wir waren echt überrascht, dass unsere Sachen so gut ankamen, da wir nur das wiedergegeben haben, was wir auf den Straßen Wickedes gesehen, fotografiert und farblich verändert hatten.

Das Projekt »Mapping Brackel!« gefiel mir sehr gut. Es hat mir Spaß gemacht, ein paar neue Techniken kennenzulernen und umzusetzen. Genauso auch die Ideen zu verwirklichen, die man nicht so einfach verwirklichen kann. Negativ ist mir nicht viel aufgefallen, nur dass wir uns am Anfang zu viel Zeit gelassen hatten und uns dadurch am Ende etwas hetzen mussten.

Es war aber schön zu hören, dass anderen Leuten unsere Arbeit gefiel. Vor allem auch bei der Ausstellung im balou waren viele überrascht, was junge Leute alles zustande bringen können, wenn sie die Chance dazu haben.

Wenn ich noch einmal an so einem Projekt teilnehmen könnte, würde ich es auf jeden Fall machen, da es einen im künstlerischen Bereich echt weiterbringt und viel verschlossene Wege öffnen kann.

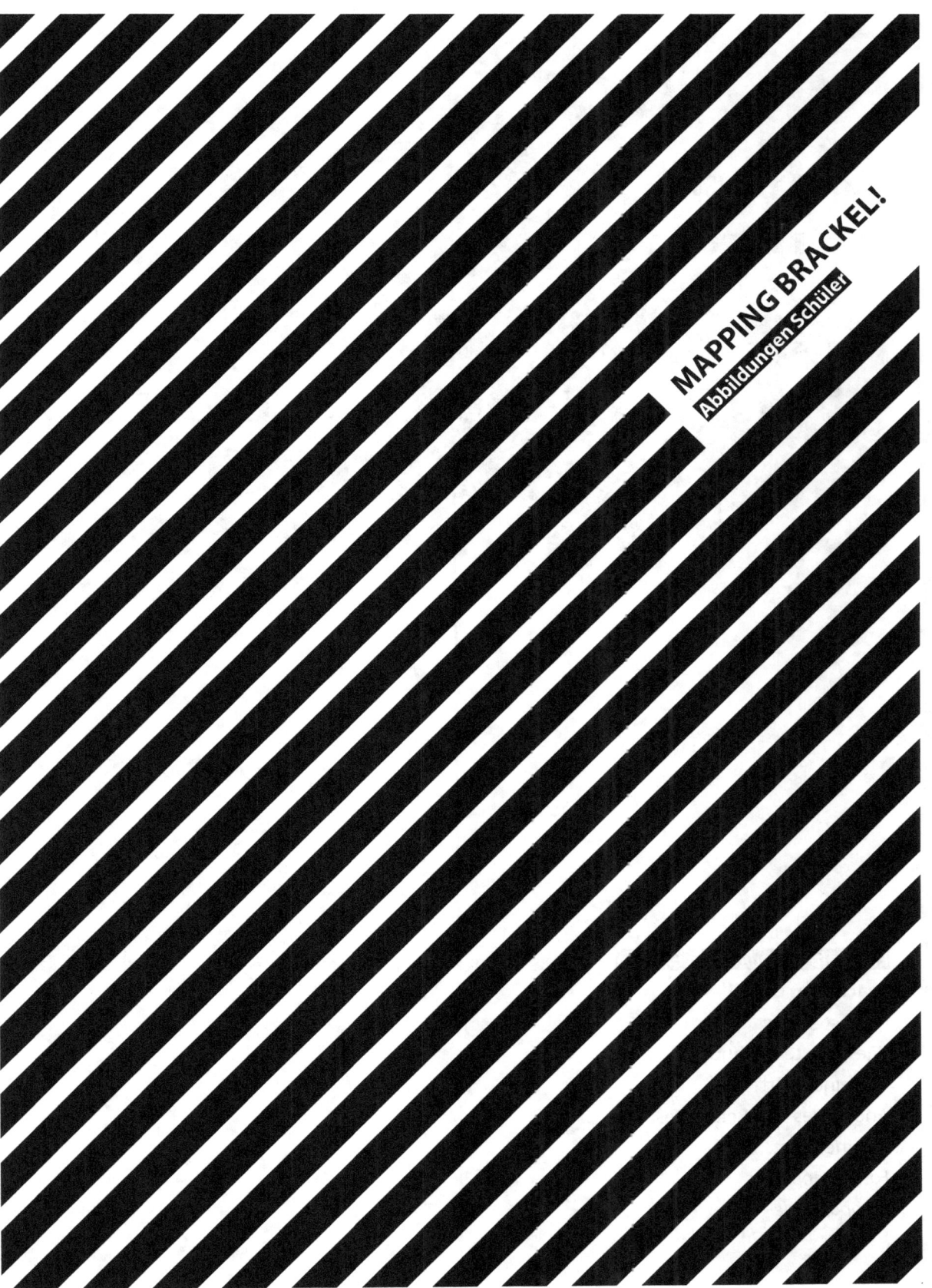

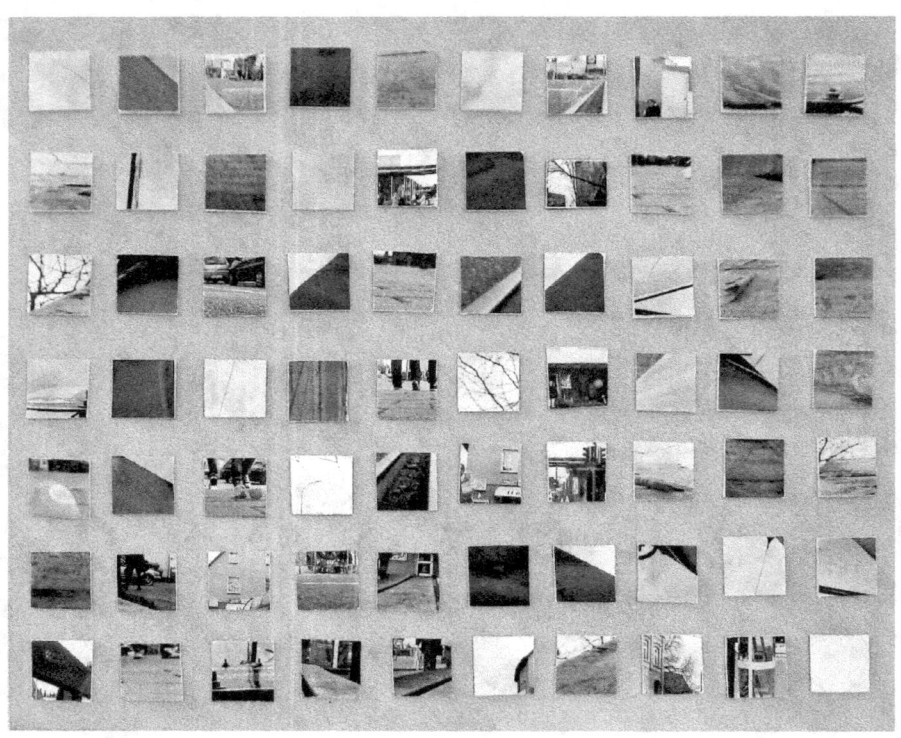

Eva Holtrup, Julia Zara Eraslan
Brackel im Detail
Fragestellung:
Wie entorte ich Eindrücke
von einem Ort?
Anonymes und Bekanntes
an einem Ort.
Fotos, Pappe
Europaschule

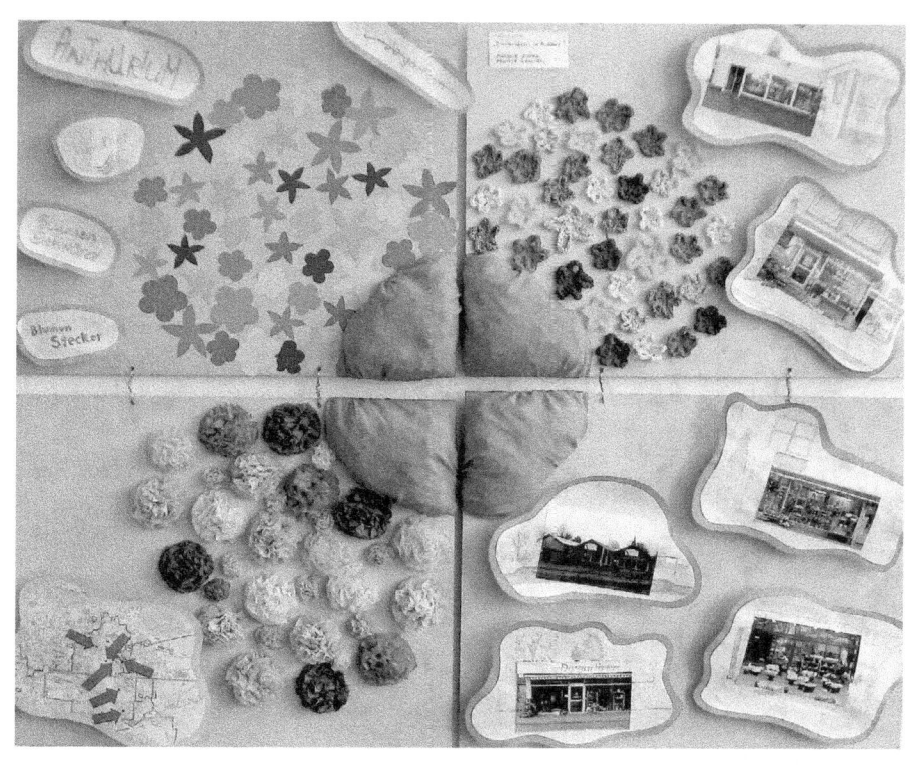

Melanie Dierks, Marina Schmidt
»Blumenläden in Brackel«
Fragestellung:
»Was gibt es für Blumenläden in Brackel?«
Holzbretter, Pappe, Stoff, Fotos, Wolle, Servietten, Papier, Draht, Zeitung, Farbe
Geschwister-Scholl Gesamtschule

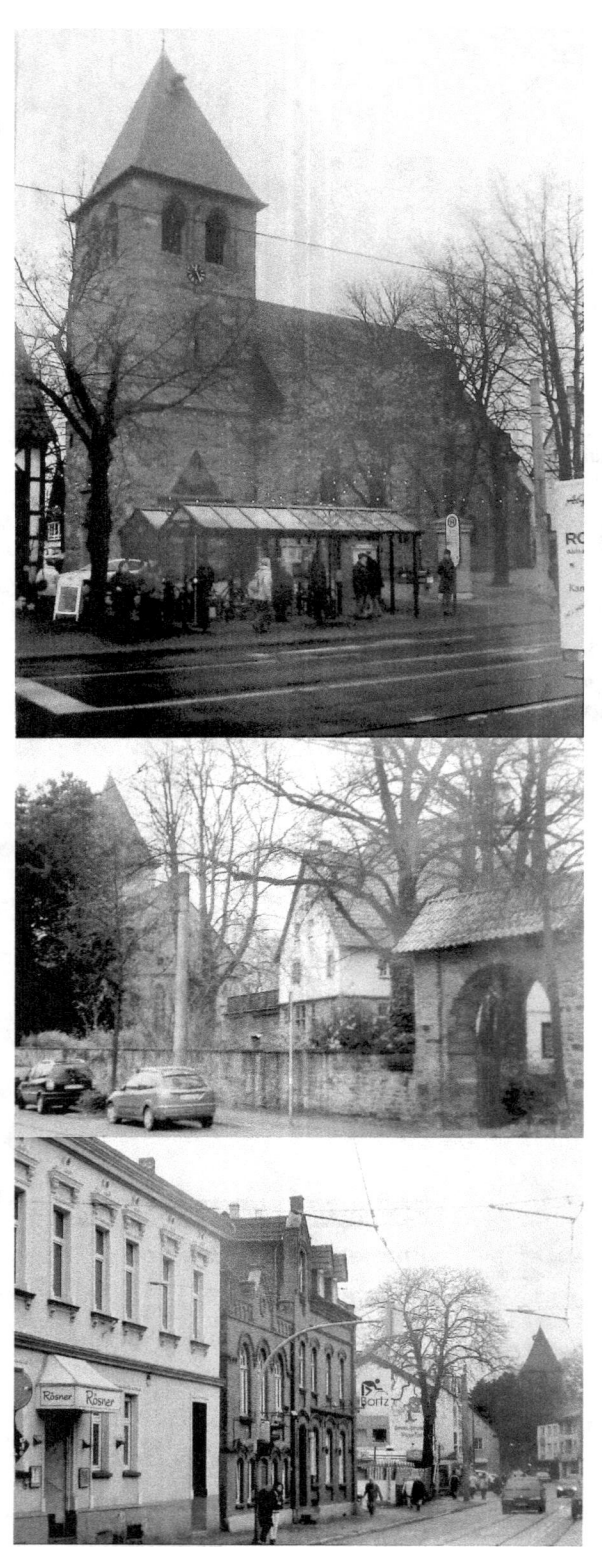

Maximilian Wichmann, Robin Porps, Moritz Döring und Julian Ziegenfeuter
Brackel alt – neu
Wie hat sich Brackel im Laufe der Zeit verändert? Zeitspuren in Gegenüberstellung alter und neuer Bilder.
Europaschule

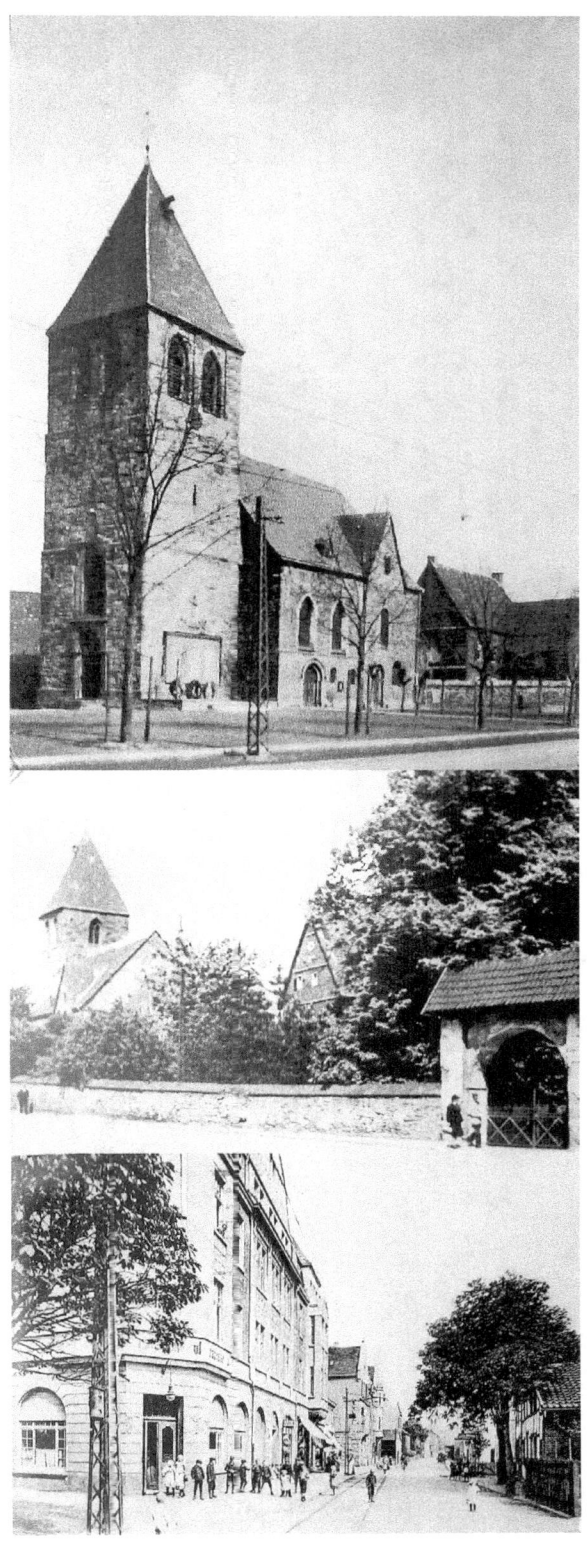

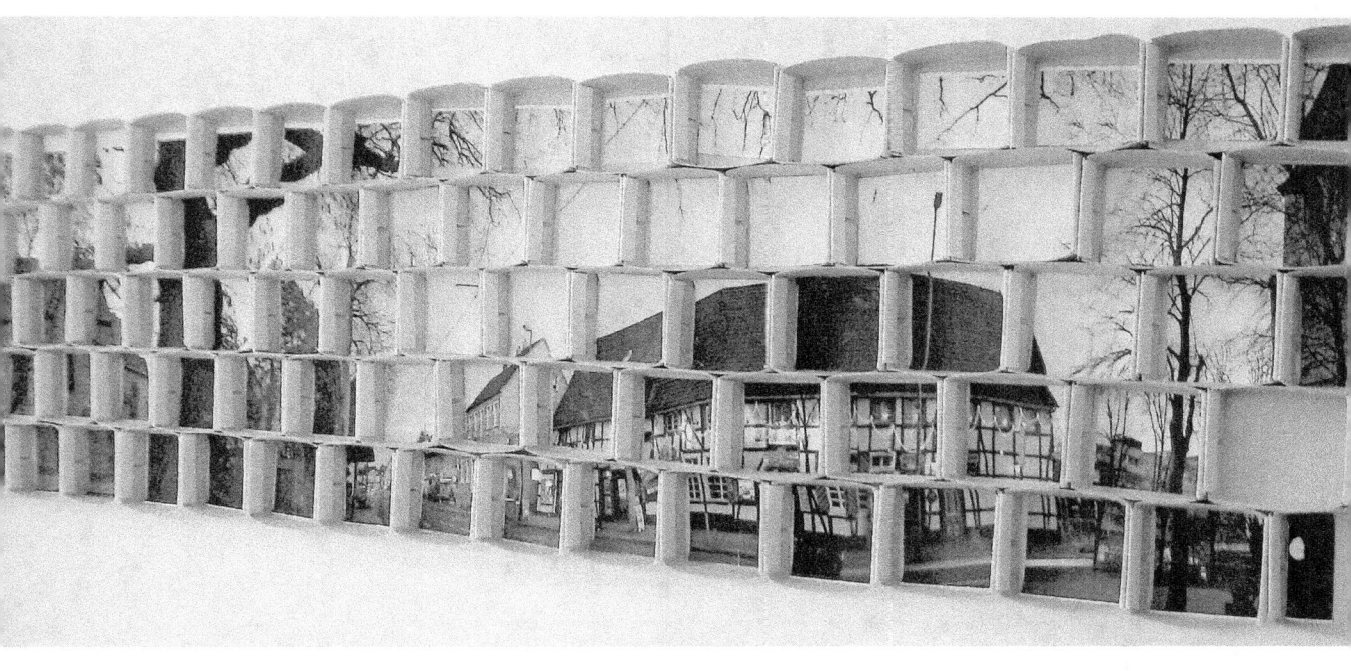

Maximilian Wichmann, Robin Porps, Moritz Döring und Julian Ziegenfeuter

Streichholzpanorama:

Das eigentliche Forschungsinteresse war, Brackel alt und neu darzustellen mit alten und neuen Bildern. (vgl. Abb.3) Das Streichholzbild ist eine Arbeit, die aus dem Mapping-Prozess entstanden ist, aus Freude an der Idee, Brackel im Panorama in Streichholzschachteln festzuhalten.

Europaschule

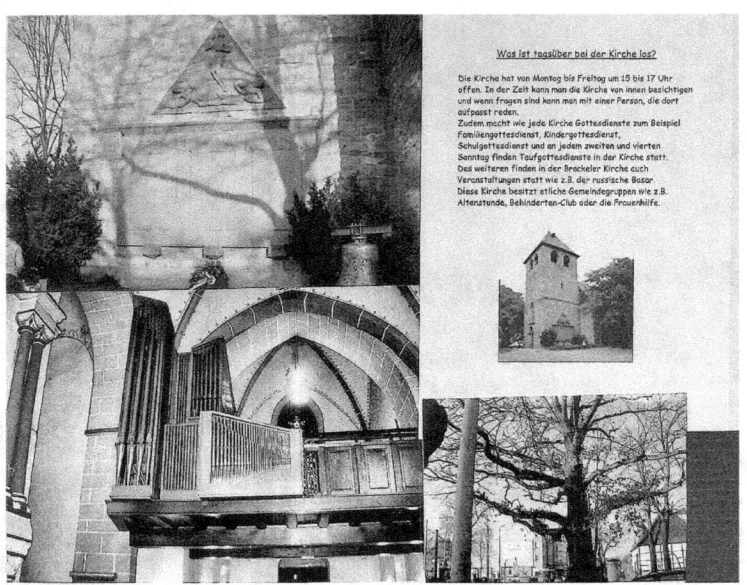

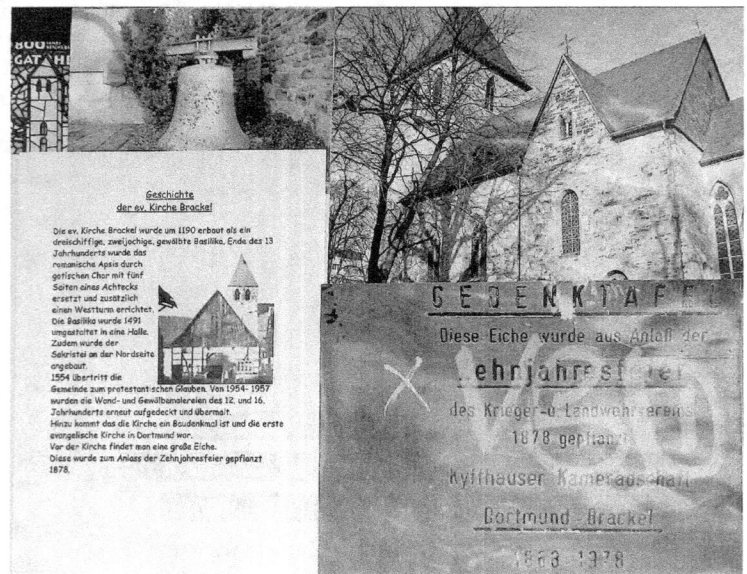

Andrea Klünde, Christin Rüter
»Mapping: Brackel Kirche«
Interesse: Die von außen bekannte
Kirche näher kennenlernen
*Fotos (bearbeitet), Befragung,
Texte, Collage, Bilderrahmen*
Geschwister-Scholl Gesamtschule

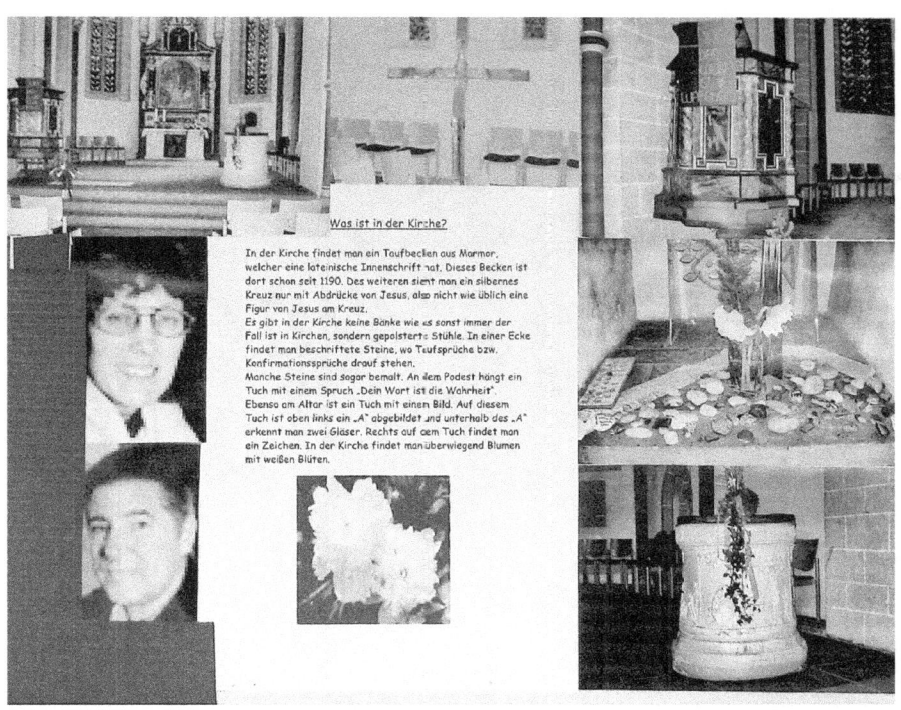

Was ist in der Kirche?

In der Kirche findet man ein Taufbecken aus Marmor, welcher eine lateinische Innenschrift hat. Dieses Becken ist dort schon seit 1190. Des weiteren sieht man ein silbernes Kreuz nur mit Abdrücke von Jesus, also nicht wie üblich eine Figur von Jesus am Kreuz.
Es gibt in der Kirche keine Bänke wie es sonst immer der Fall ist in Kirchen, sondern gepolsterte Stühle. In einer Ecke findet man beschriftete Steine, wo Taufsprüche bzw. Konfirmationssprüche drauf stehen.
Manche Steine sind sogar bemalt. An dem Podest hängt ein Tuch mit einem Spruch „Dein Wort ist die Wahrheit".
Ebenso am Altar ist ein Tuch mit einem Bild. Auf diesem Tuch ist oben links ein „A" abgebildet und unterhalb des „A" erkennt man zwei Gläser. Rechts auf dem Tuch findet man ein Zeichen. In der Kirche findet man überwiegend Blumen mit weißen Blüten.

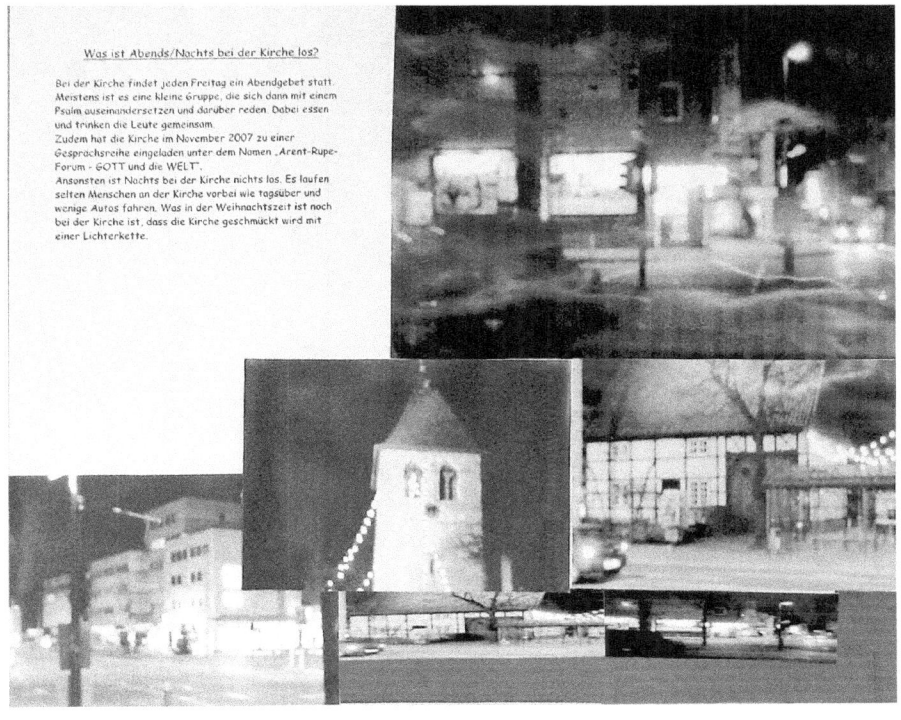

Was ist Abends/Nachts bei der Kirche los?

Bei der Kirche findet jeden Freitag ein Abendgebet statt. Meistens ist es eine kleine Gruppe, die sich dann mit einem Psalm auseinandersetzen und darüber reden. Dabei essen und trinken die Leute gemeinsam.
Zudem hat die Kirche im November 2007 zu einer Gesprächsreihe eingeladen unter dem Namen „Arent-Rupe-Forum - GOTT und die WELT".
Ansonsten ist Nachts bei der Kirche nichts los. Es laufen selten Menschen an der Kirche vorbei wie tagsüber und wenige Autos fahren. Was in der Weihnachtszeit ist noch bei der Kirche ist, dass die Kirche geschmückt wird mit einer Lichterkette.

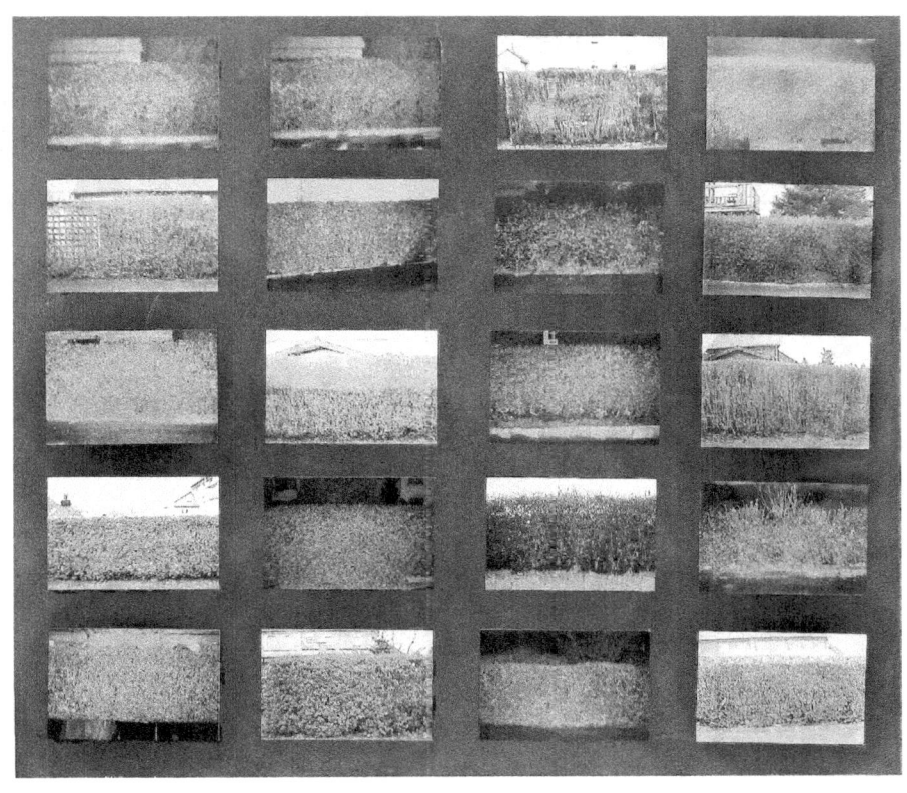

Theresa Donszik, Sarah Sprenger, Natalia Wittmann
»Der Natur auf der Spur«
Fragestellungen:
Was verraten Abgrenzungen über die Menschen dahinter?
Wie grenzen sich Menschen ab?
Fotos (bearbeitet), Leinwand, Acrylfarbe
Geschwister-Scholl Gesamtschule

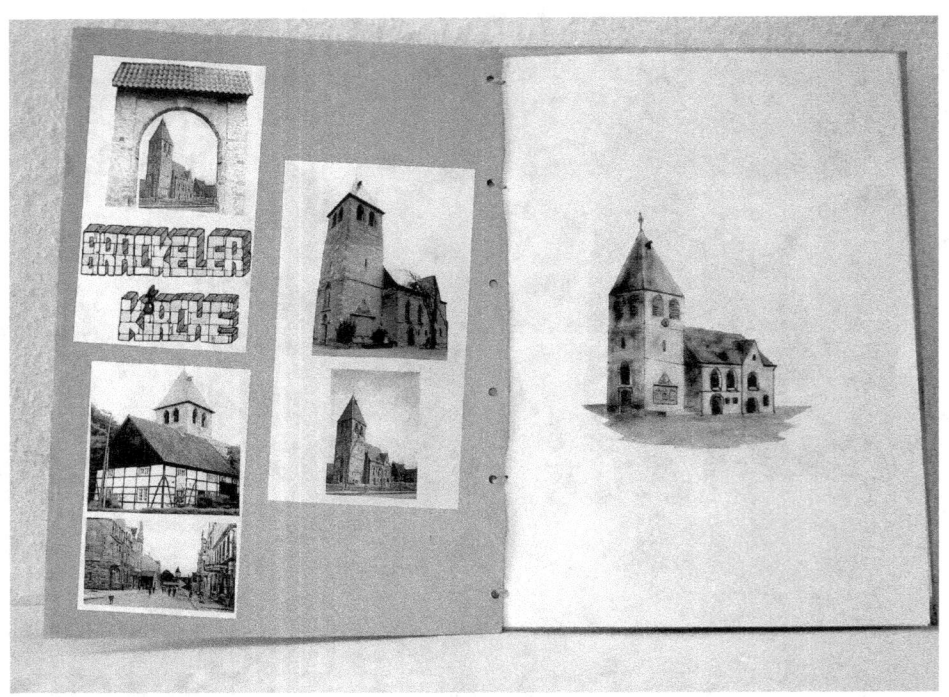

Michael Wybierek
Brackeler Kirche
Ein Porträtbuch, in dem Ansichten
und Geschichten der Brackeler
Kirche festgehalten werden.
Max-Born Realschule

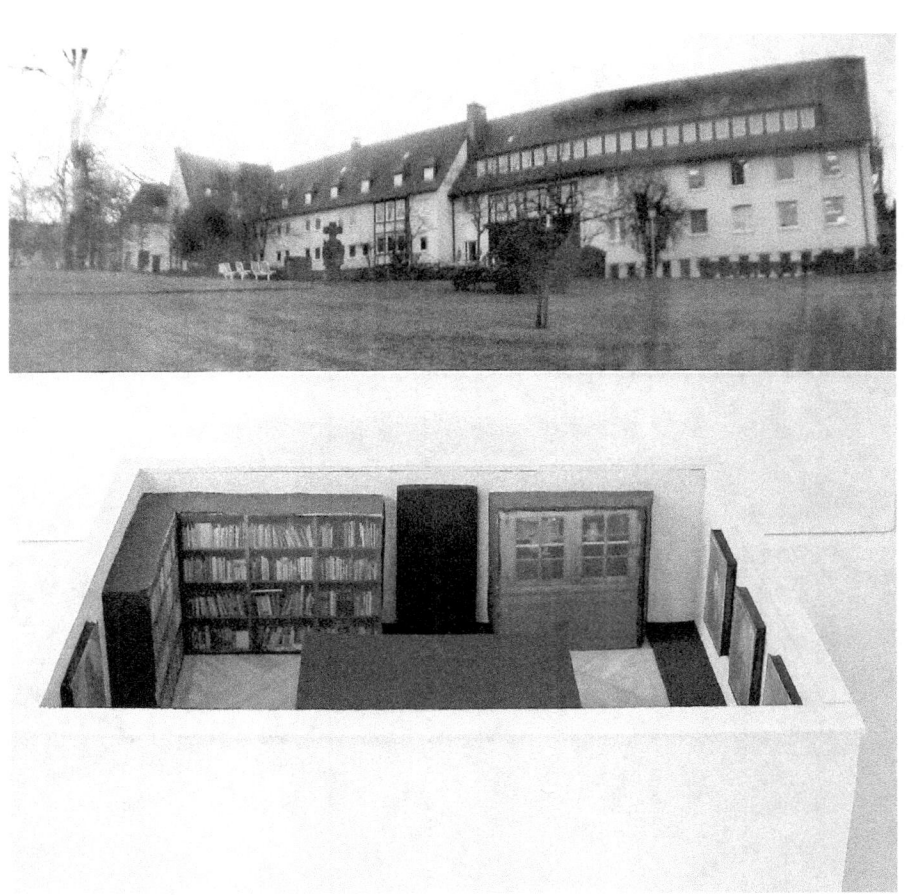

Jan Uwe Schenkel
Kommende Brackel
Welche Funktion hat die
Kommende damals und heute?
Fotografie, Modell
Europaschule

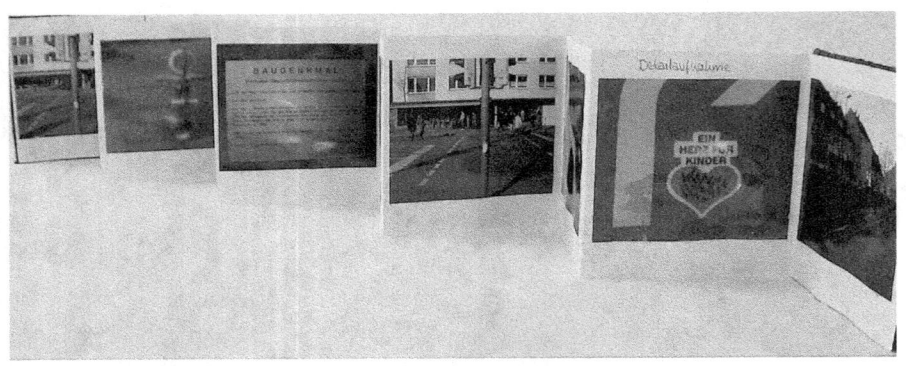
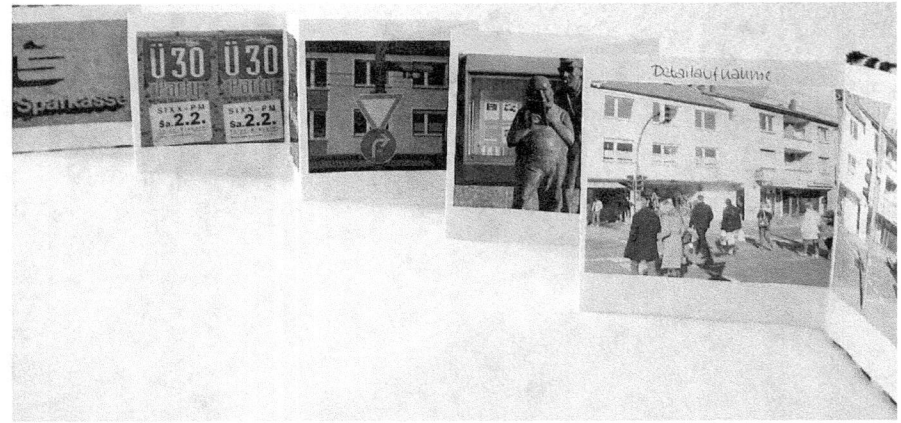

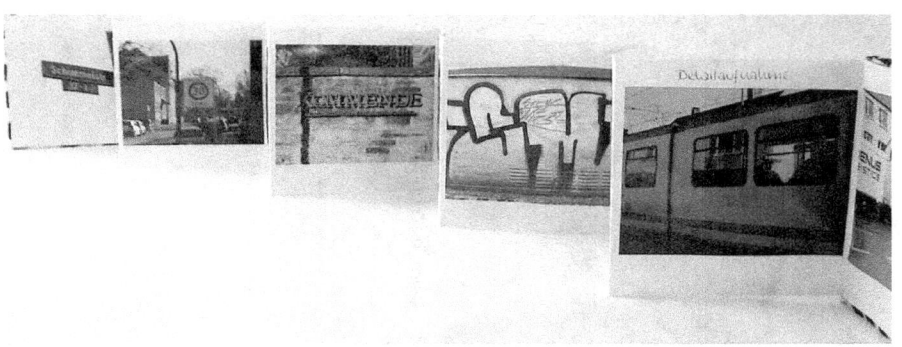

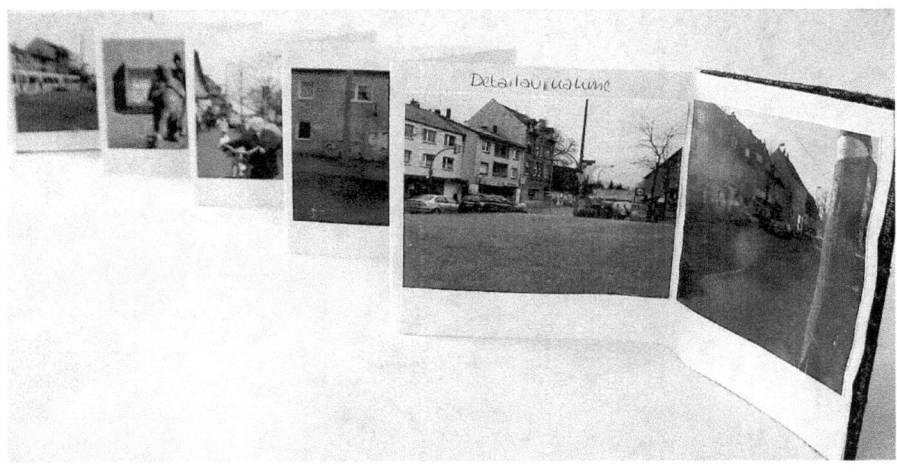

Eva Haltrup, Julia Z. Eraslan
Brackel im Detail
Dokumentation der Erkundungsgänge durch Brackel
In Lepcrelloform
Fotografie
Europaschule

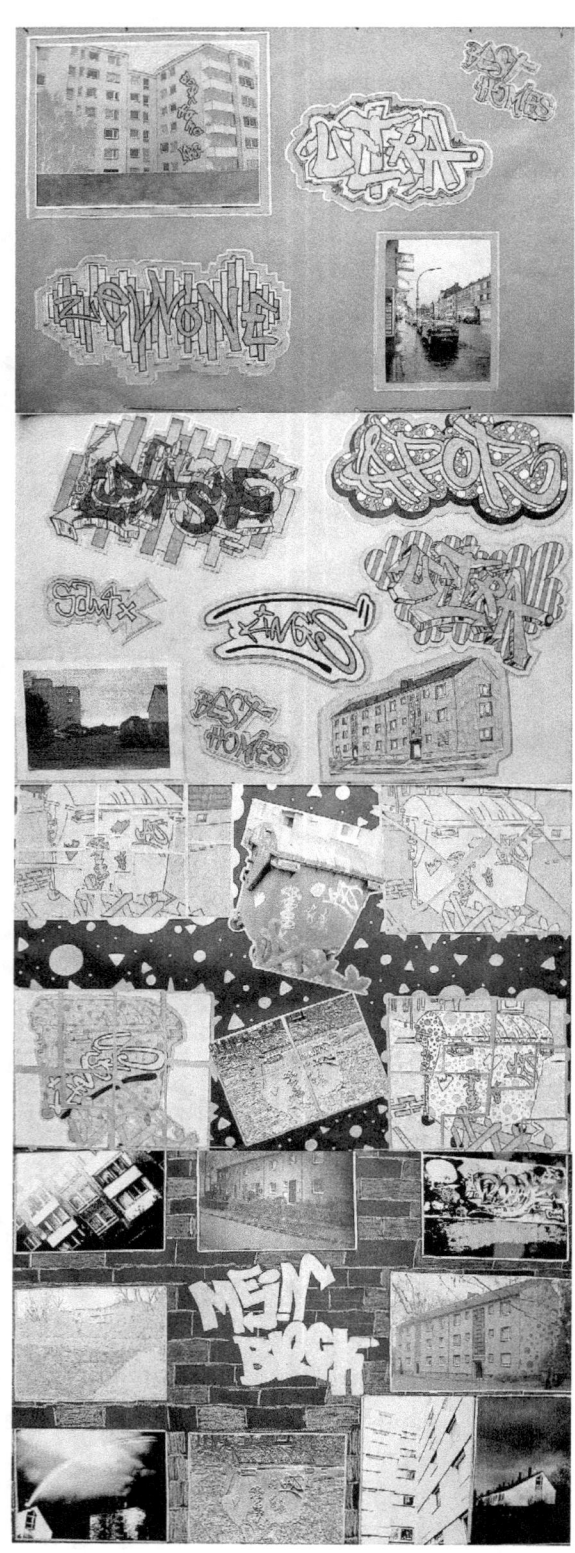

Martina Langner,
Nicola Setzak
Mein Block
Pappe, Fotografie,
Zeichnung,
Computergrafik
(Siehe eigenen
Textbeitrag, S. 83)
Max-Born Realschule

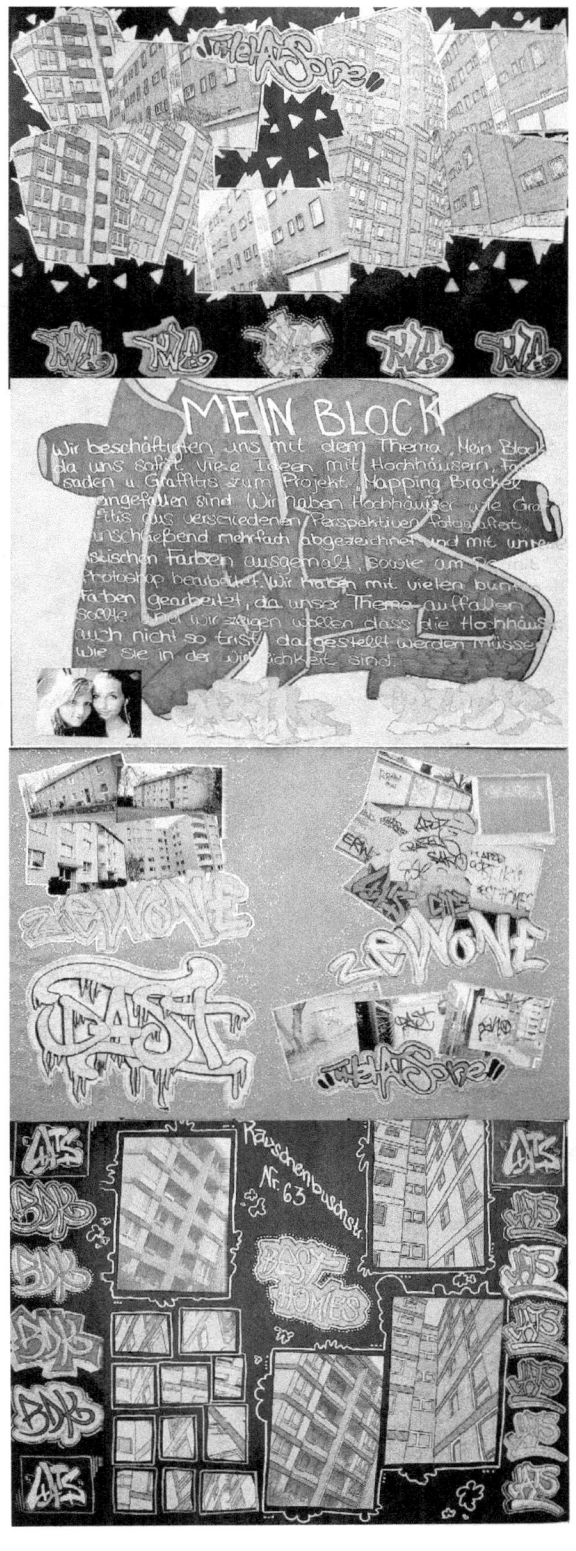

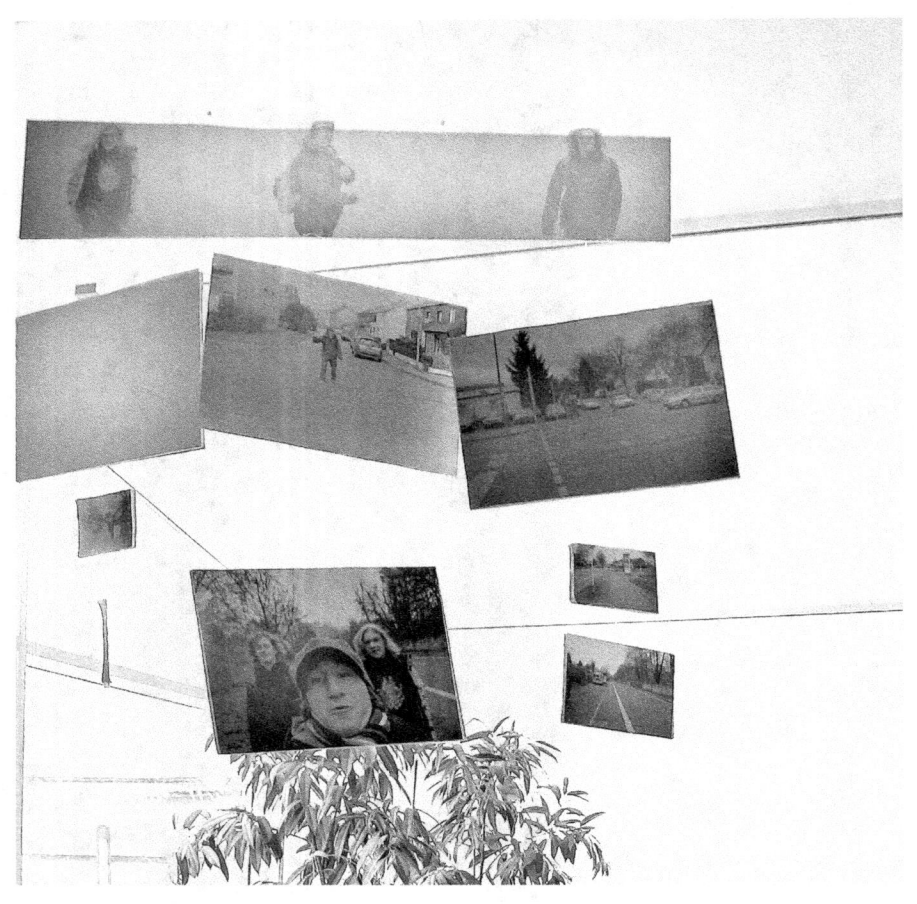

Marvin Sobel, Tobias Sunder und Marlon Pichler
Freundschaft in Brackel:
Was macht unsere Freundschaft in Brackel aus? Erforschung gemeinsamer Treffpunkte.
Fotografie, Mobile Europaschule

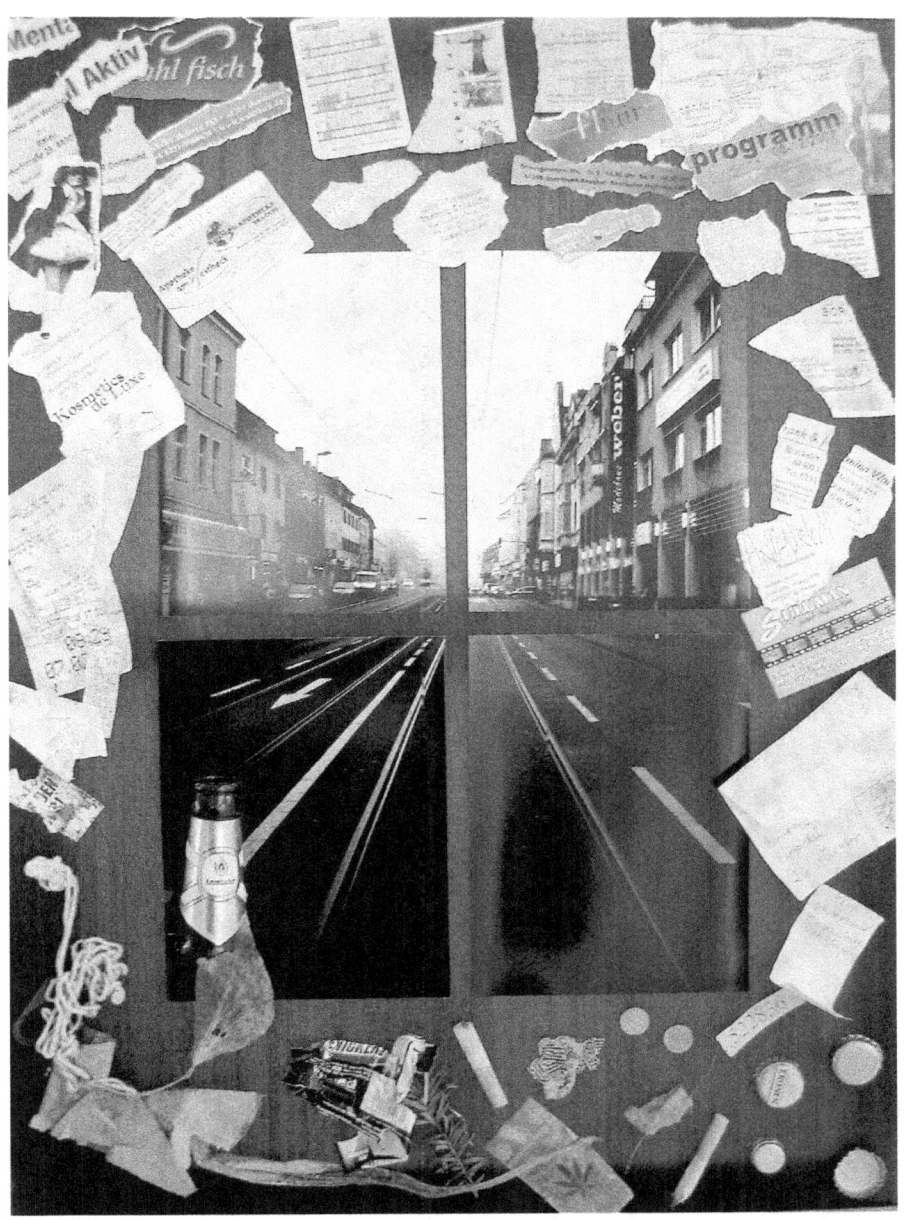

Lea Riemenschneider, Christina Kaitsiotou
Kreuzung Schimmelstraße
Wie ist das Leben in Brackel gekennzeichnet? Beobachtungen an der Kreuzung Schimmelstr./Hellweg zu verschiedenen Zeitpunkten.
Fotografie, Sammelstücke
Europaschule

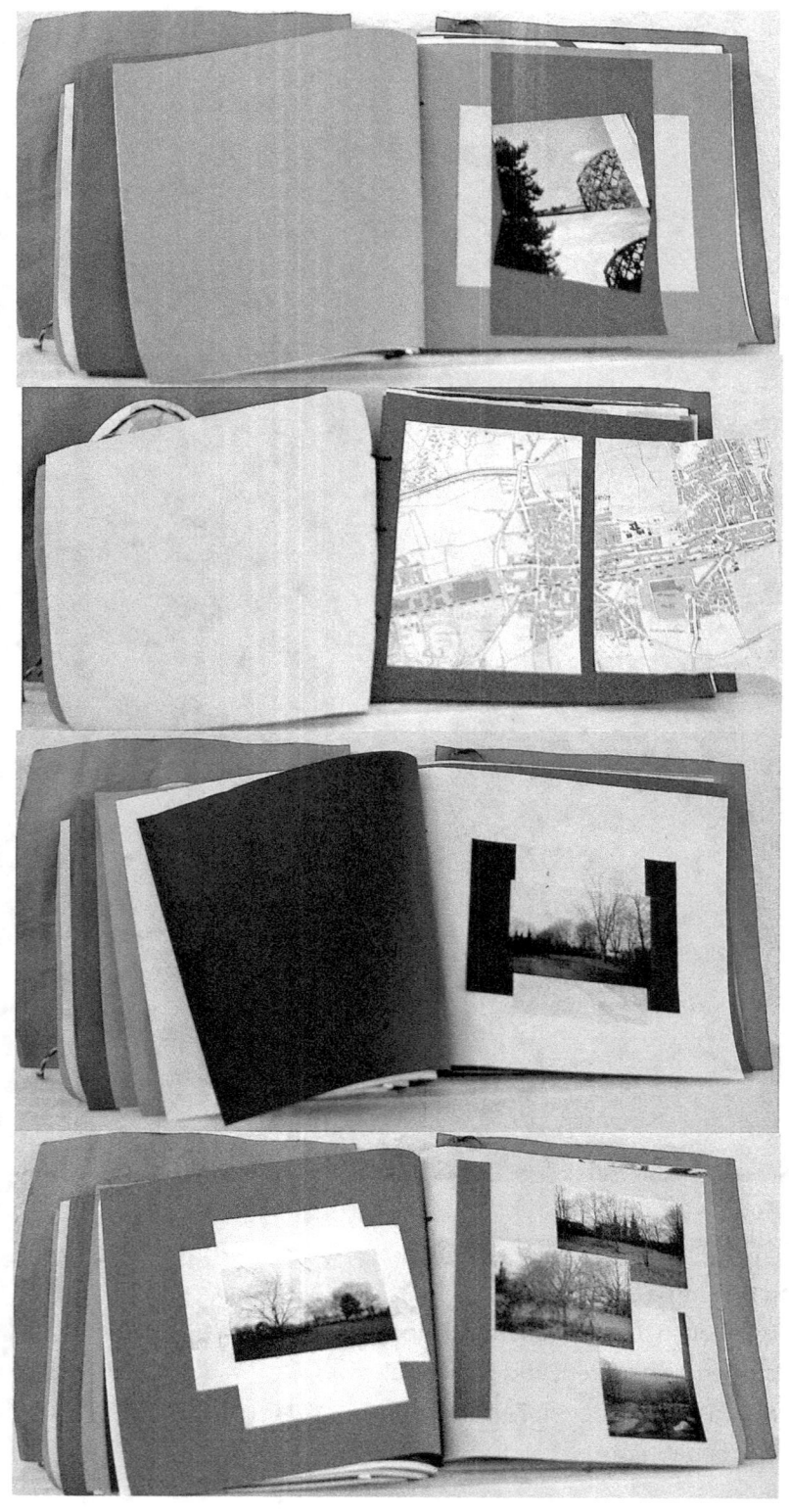

Christina Augustat
Natur in Brackel, Ein Sammelbuch.
Fotografie, Pappe
Max-Born Realschule

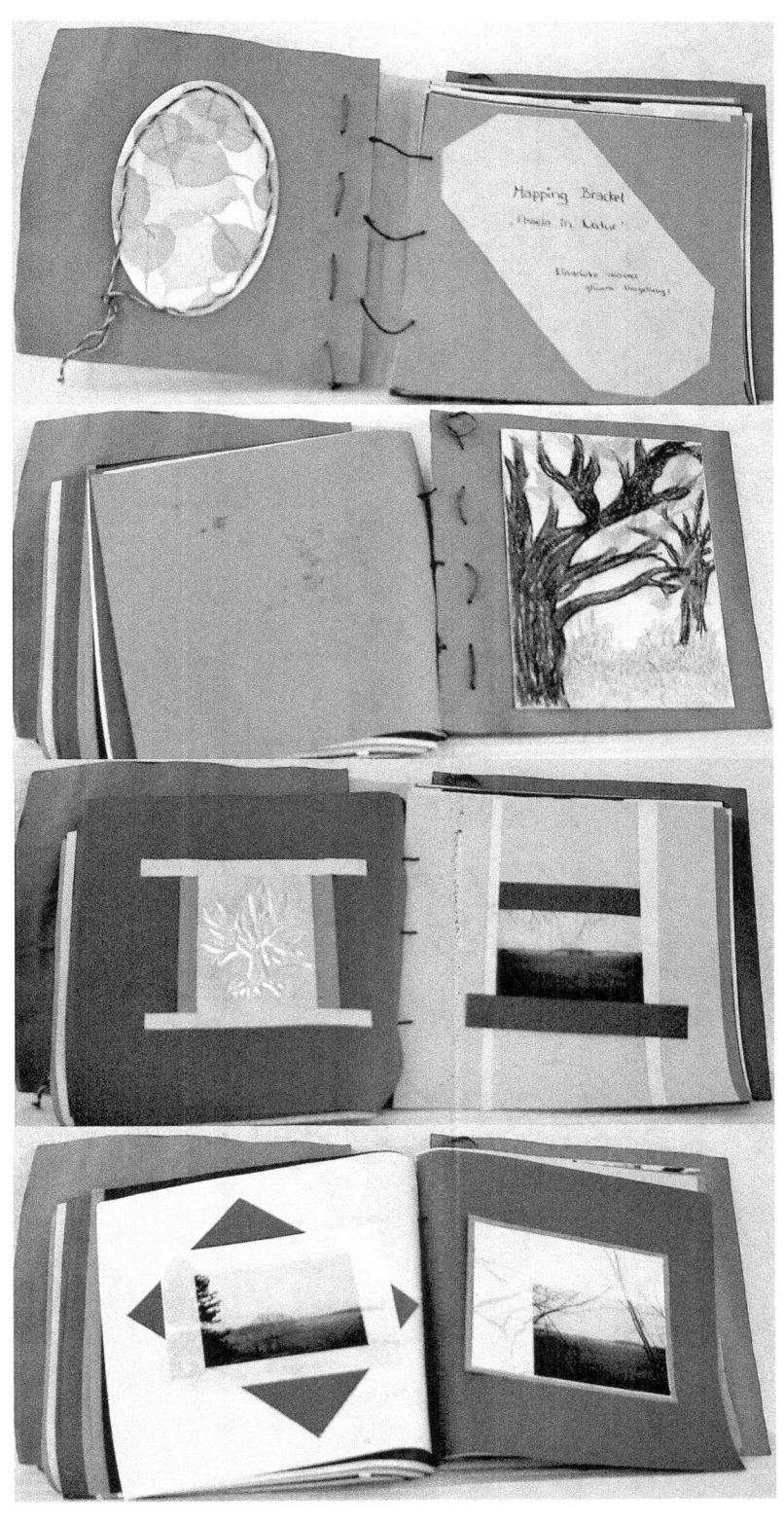

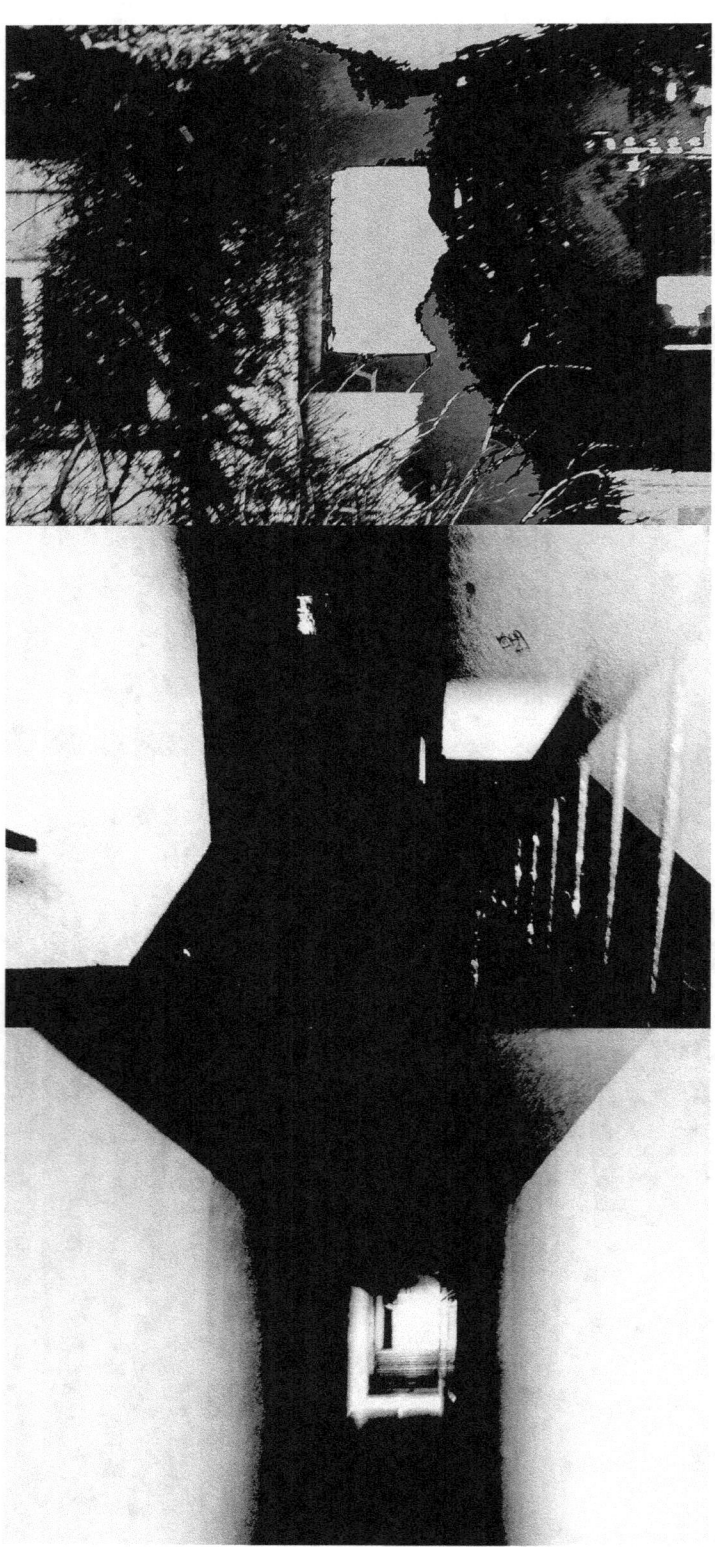

Arne Wegmann
Pfade in Brackel
Auf der Suche nach
dem Nutzen bestimmter
Pfade in Brackel.
Fotografie
Europaschule

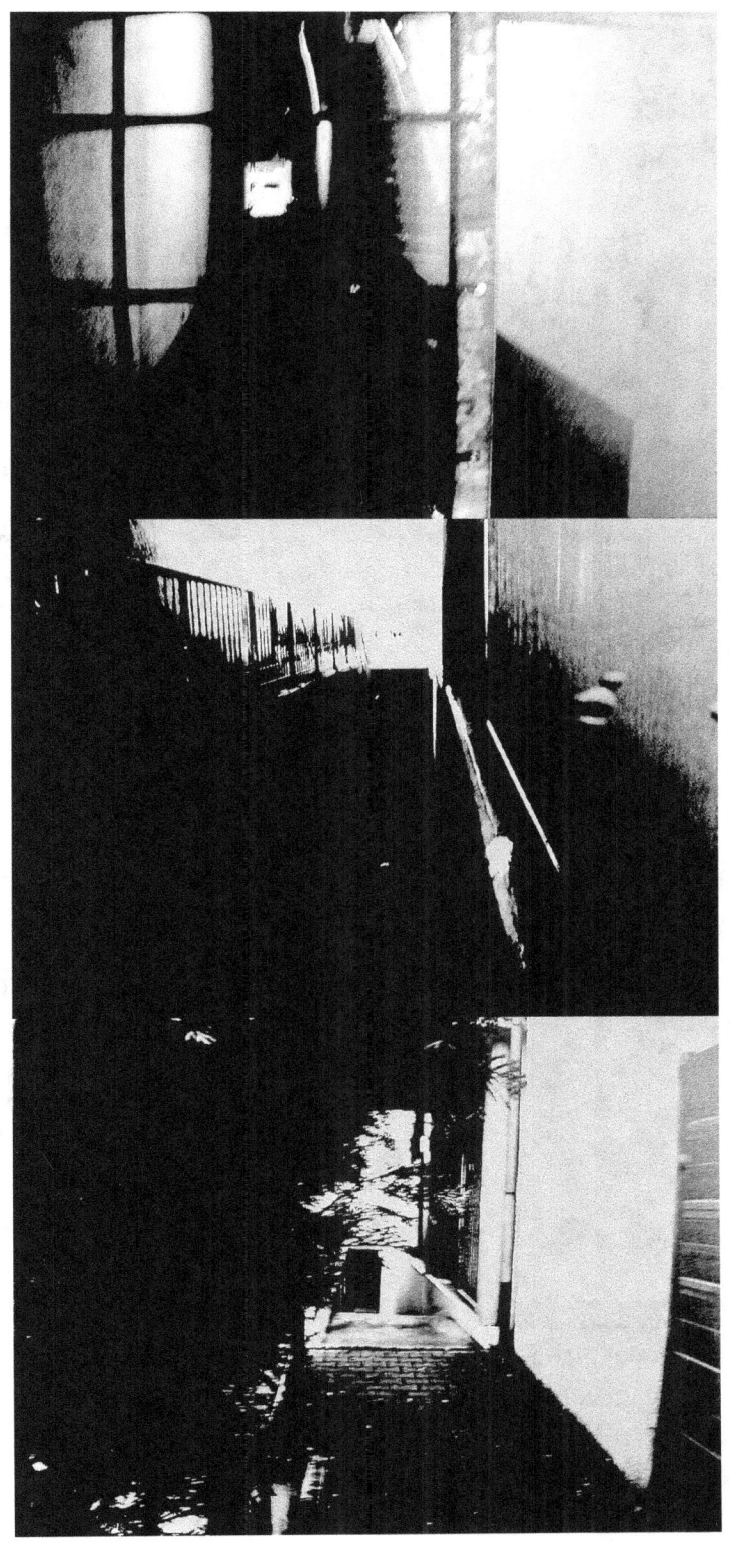

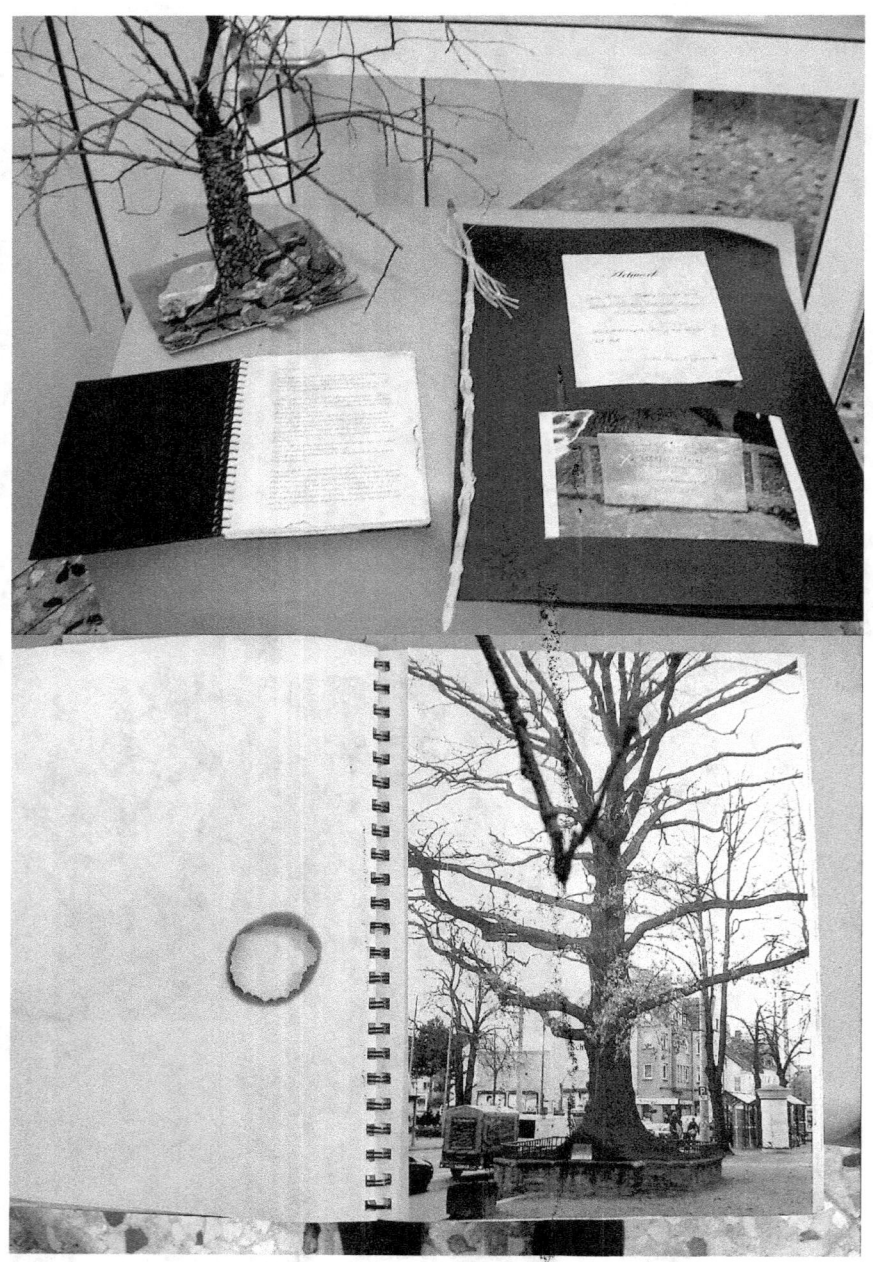

Eva Korzeniowski
Brackeler Eiche
Mappingdokumentation vgl. den
Beitrag zur Jugendkulturarbeit, S. 49
Buch, Fotografie, Text, Modell
Geschwister-Scholl Gesamtschule

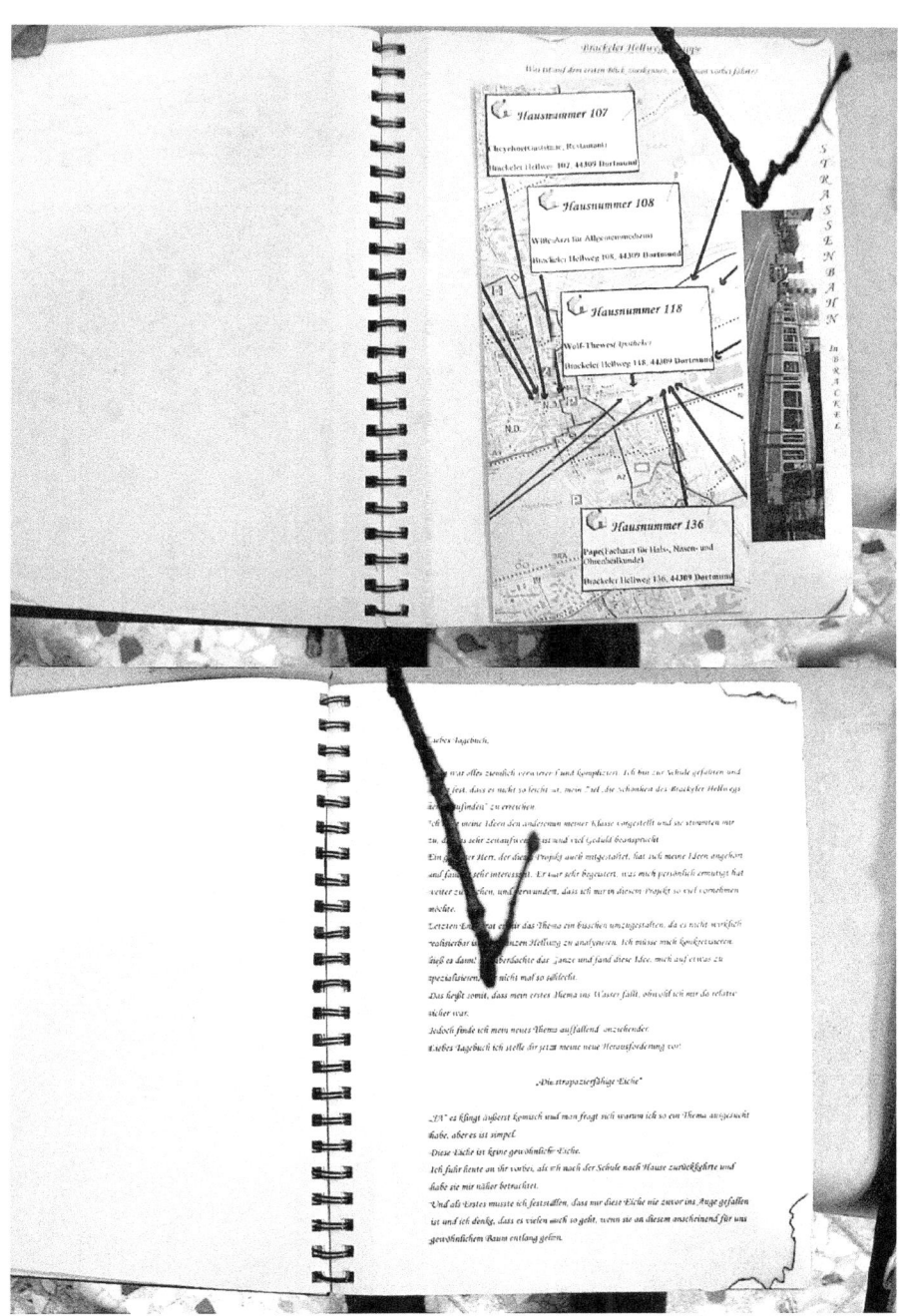

Liebes Tagebuch,

Es war alles ziemlich kreativer Fund kompliziert. Ich bin zur Schule gefahren und [...] fest, dass es nicht so leicht ist, mein "Ziel die Schönheit des Brackeler Hellwegs [...] aufinden" zu erreichen.

Ich habe meine Ideen den anderen aus meiner Klasse vorgestellt und sie stimmten mir zu, dass es sehr zeitaufwendig ist und viel Geduld beansprucht.

Ein guter Herr, der dieses Projekt auch mitgestaltet, hat sich meine Ideen angehört und fand es sehr interessant. Er war sehr begeistert, was mich persönlich ermutigt hat weiter zu machen, und verwundert, dass ich mir in diesem Projekt so viel vornehmen möchte.

Letzten Endes riet er mir das Thema ein bisschen umzugestalten, da es nicht wirklich realisierbar ist den ganzen Hellweg zu analysieren. Ich müsse mich konkretisieren, ließ es damit. Ich überdachte das Ganze und fand diese Idee, mich auf etwas zu spezialisieren, gar nicht mal so schlecht.

Das heißt somit, dass mein erstes Thema ins Wasser fällt, obwohl ich mir da relativ sicher war.

Jedoch finde ich mein neues Thema auffallend anziehender.

Liebes Tagebuch ich stelle dir jetzt meine neue Herausforderung vor:

"Die strapazierfähige Eiche"

"JA" es klingt äußerst komisch und man fragt sich warum ich so ein Thema ausgesucht habe, aber es ist simpel.

Diese Eiche ist keine gewöhnliche Eiche.

Ich fuhr heute an ihr vorbei, als ich nach der Schule nach Hause zurückkehrte und habe sie mir näher betrachtet.

Und als Erstes musste ich feststellen, dass mir diese Eiche nie zuvor ins Auge gefallen ist und ich denke, dass es vielen auch so geht, wenn sie an diesem anscheinend für uns gewöhnlichem Raum entlang gehen.

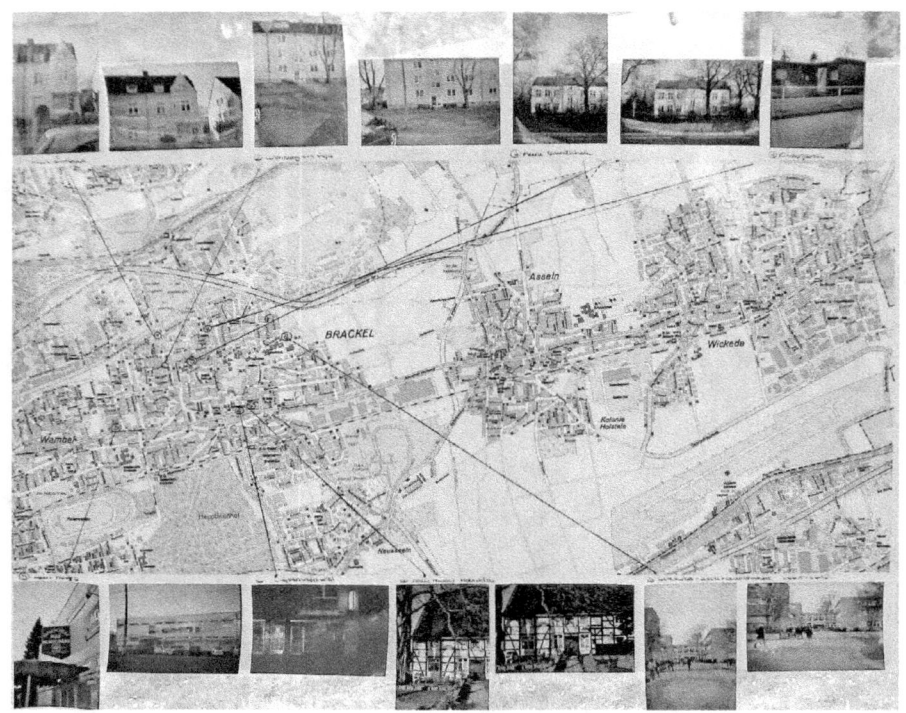

Stefanie Steinhagen
Persönlicher Stadtplan Brackel
In einen Stadtplan wurden wesentliche
Stationen der Kindheit verortet.
Stadtplan, Zeichnung, Fotografie
Geschwister-Scholl Gesamtschule

Elisabeth Beregow

Meine Faszination für Kulturzentren und Kunstschulen – diesem Bündel von Kultur und menschlicher Kommunikation – wurde im balou zum wiederholten Male deutlich.

Der Gebäudekörper des balou, der in verschiedenen Jahrzehnten entstand, ist wie ein Zeuge und Beobachter dessen, was sich im Laufe der Geschichte in seinem Inneren abspielte. So spiegelt sich die Zusammensetzung der drei Bausubstanzen in den unterschiedlichen Altersstufen der Menschen, welche sich im Zentrum treffen und miteinander kommunizieren. Wie der Baukörper der alten Schule mit dem transparenten und sonnendurchfluteten Anbau des Cafés als Mittelpunkt und Treffpunkt und auch mit der Bibliothek als Ort des Rückzugs und der Besinnung harmoniert, so finden auch die Menschen verschiedener Generationen im balou Kurse, Beschäftigungen und Kontakt zueinander.

Um diese Gedanken zum Ausdruck zu bringen, war die Collage aus Fotografie und Fotokopien der Baupläne das beste Medium.

Buch, Fotografie, Zeichnung, Text

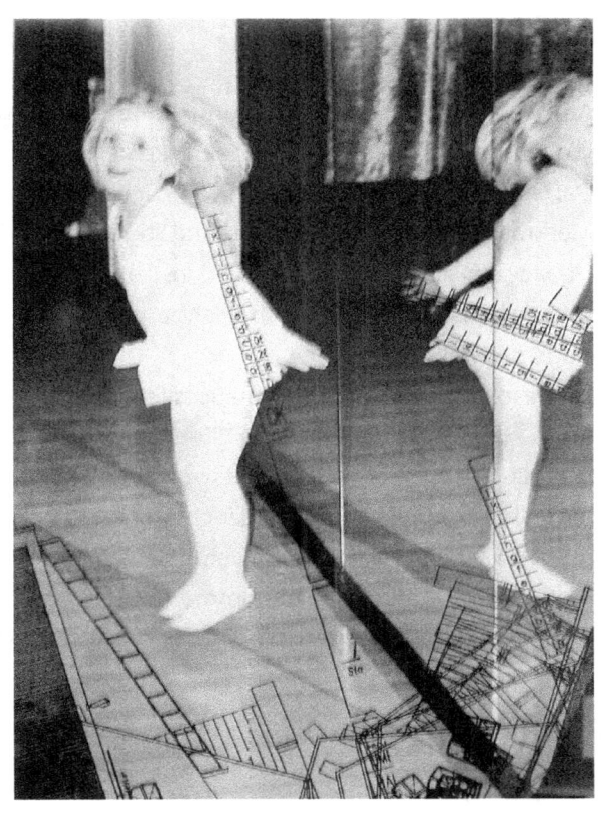

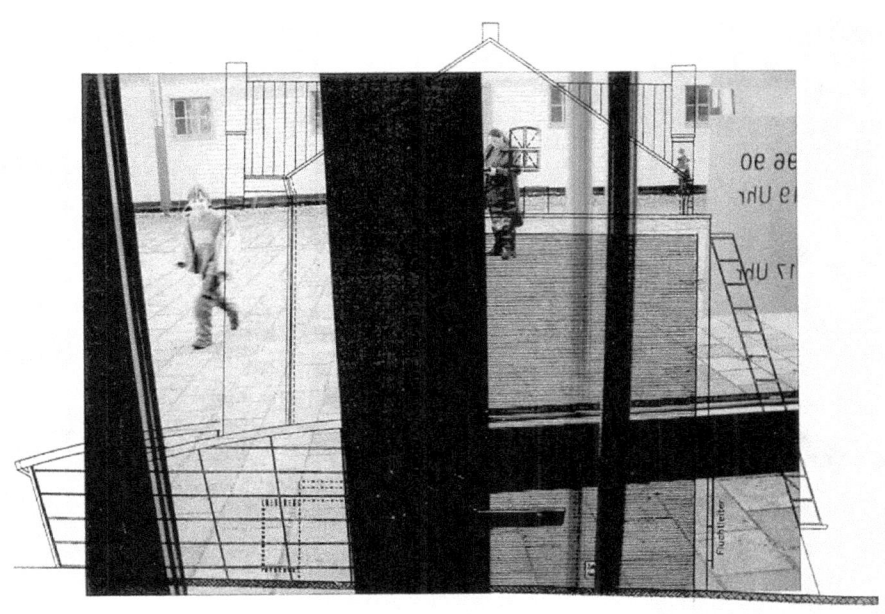

Felix Bergel

Am Anfang stand die Erkundung, welche mich durch zahlreiche Straßen, Wege und Gassen führte. Meine Blicke fielen auf viele interessante Objekte. Dabei stellte ich fest, dass, egal wohin ich mich bewegte, stets ein markantes Merkmal zu beobachten war: Graffiti! Sogenannte »Tag`s« (Graffitischriftzüge). Ob sie nun schön sind oder hässlich, ob es nun eine subkulturelle Form von Jugendkunst ist oder einfach Sachbeschädigung und Vandalismus, liegt im Auge des Betrachters.

Ich beschäftigte mich zuletzt hauptsächlich mit dem Hellweg, der Hauptstraße, die durch Brackel führt. Die Bilder sollen den Kontrast von der tristen Monotonie des Alltags zum aggressiven Ausbrechen aus dem geordneten System widerspiegeln. Dabei habe ich grauen Pappkarton benutzt, auf den ich mit schwarzer Acrylfarbe und Kreide gemalt habe. Anschließend habe ich den Motiven ihre »Unschuld« genommen, indem ich erst mit einem Pinsel, später dann auch originalgetreu mit einer Sprühdose Schriftzüge hinzufügte.

Kohle, Kreidezeichnung, Sprühfarbe

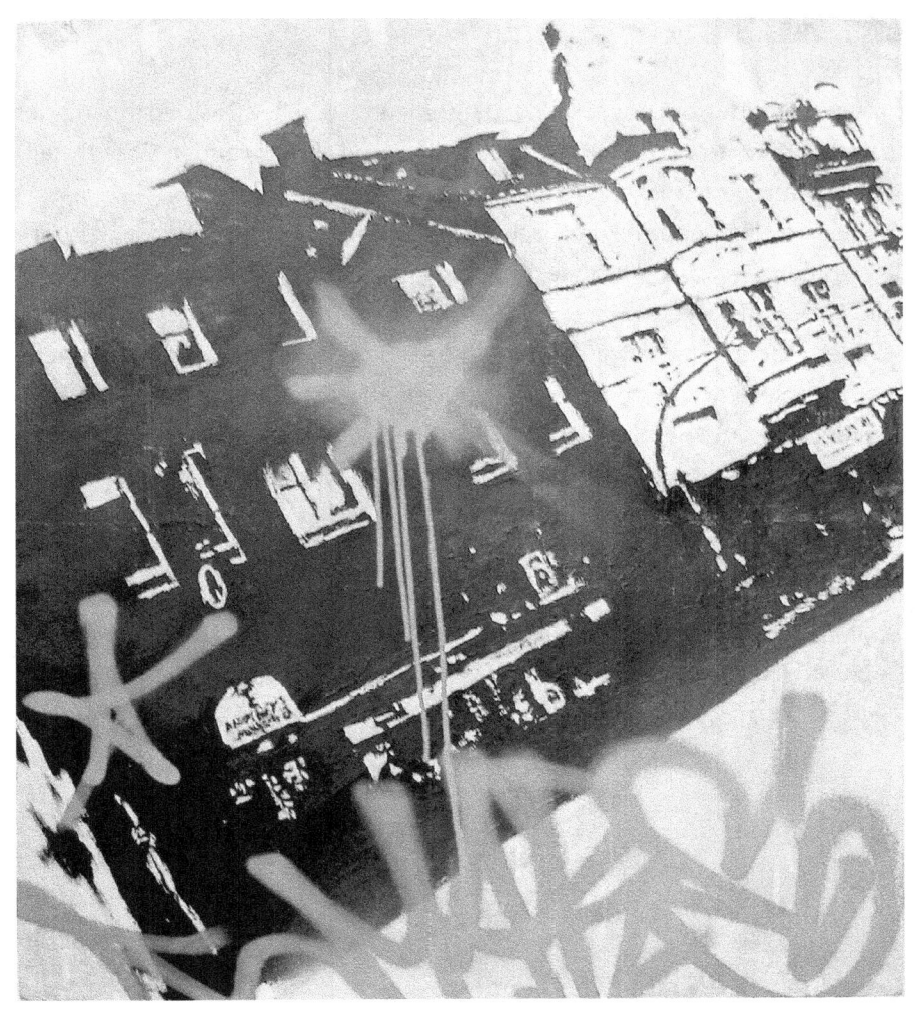

Svenja Fischer

Entstanden sind 50 Fotos in sechs Gängen durch Brackel. Das begann mit der Idee, gebrauchte Kassenzettel als Zeichengrund zu verwenden über Details von Einkaufswagengestellen. Details waren wichtig.

Bei den Streifzügen traf Frau Fischer auf »Benni´s Dienstleistungen«, ein Unternehmen für Haushaltsauflösungen. Dort bot sich sehr viel Gelegenheit zum Fotografieren.

»Rainer macht Haushaltsauflösungen und betreibt einen Anhängerverleih. Auch an diesem Abend hatte er wieder eine Hausräumung. Die Leute können dort vor Ort alte Dinge erwerben und alles, was übrig bleibt und für Rainer nach etwas aussieht, das zu schade zum Wegwerfen ist, kommt mit nach Brackel«

(Mappingbuch S. Fischer)
Digitalfotografie

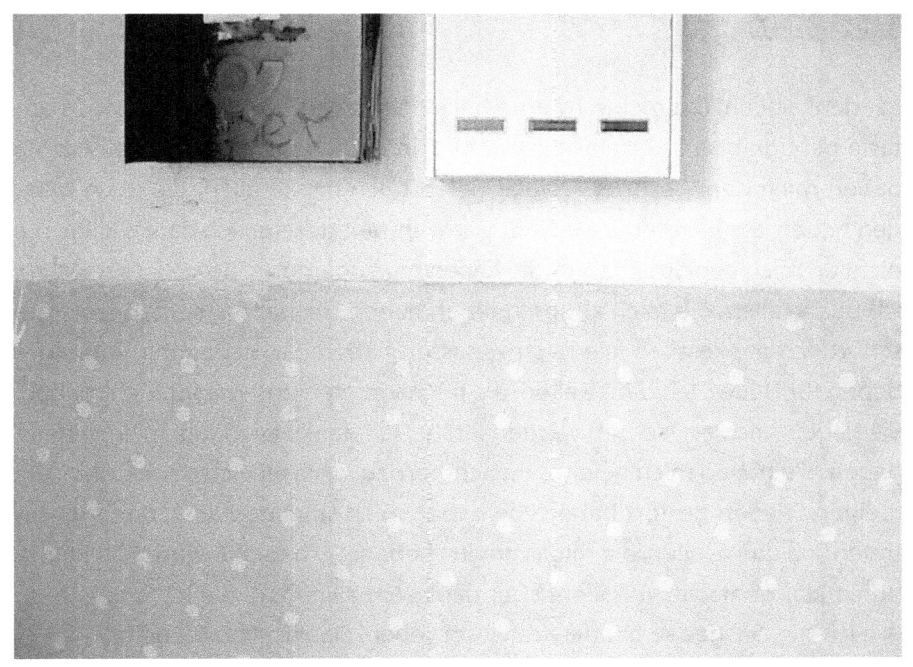
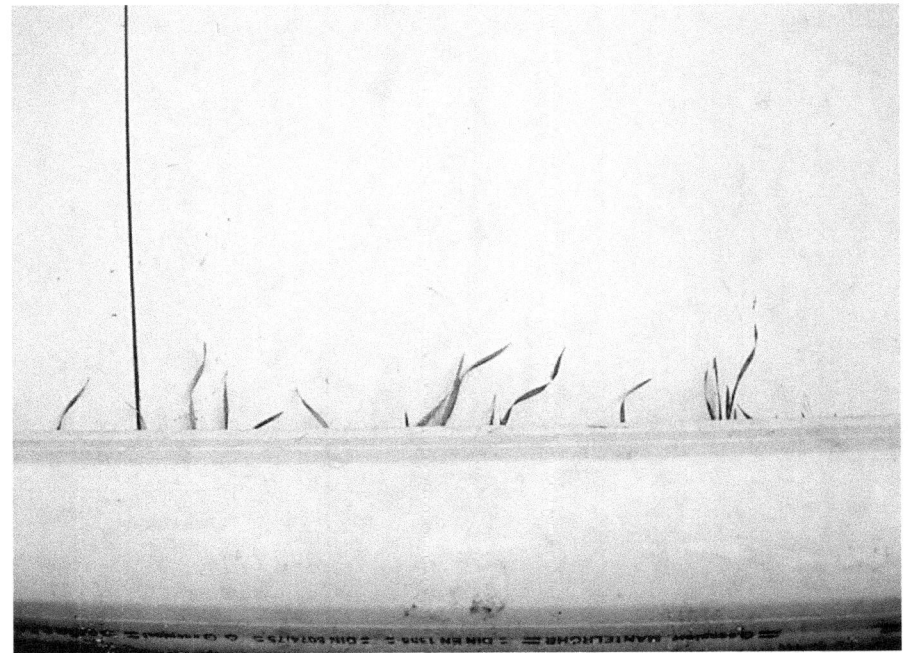

Linda Krause

Ich danke allen, die meine Träume belächelt haben. Sie haben meine Phantasie beflügelt. Ich danke allen, die mich in ihr Schema pressen wollten. Sie haben mich den Wert der Freiheit gelehrt. Ich danke allen, die mich belogen haben. Sie haben mir die Kraft der Wahrheit gezeigt. Ich danke allen, die nicht an mich geglaubt haben. Sie haben mir zugemutet, Berge zu versetzen. Ich danke allen, die mich abgeschrieben haben. Sie haben meinen Trotz geschürt. Ich danke allen, die mich verlassen haben. Sie haben mir Raum gegeben für Neues. Ich danke allen, die mich verraten und missbraucht haben. Sie haben mich erwachsen werden lassen. Ich danke allen, die mich verletzt haben. Sie haben mich gelehrt, im Schmerz zu wachsen. Ich danke allen, die meinen Frieden gestört haben. Sie haben mich stark gemacht, dafür einzutreten. Ich danke allen, die mich verwirrt haben. Sie haben mir meinen Standpunkt klar gemacht. Vor allem aber danke ich all denen, die mich lieben, so wie ich bin. Sie geben mir die Kraft zum Leben! Danke. (Paulo Coelho)

Zeichnung

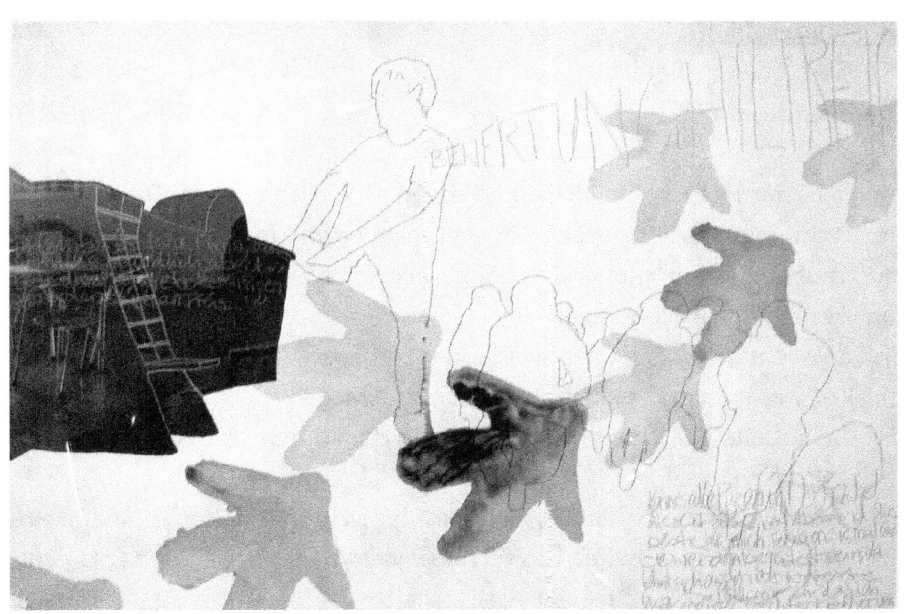
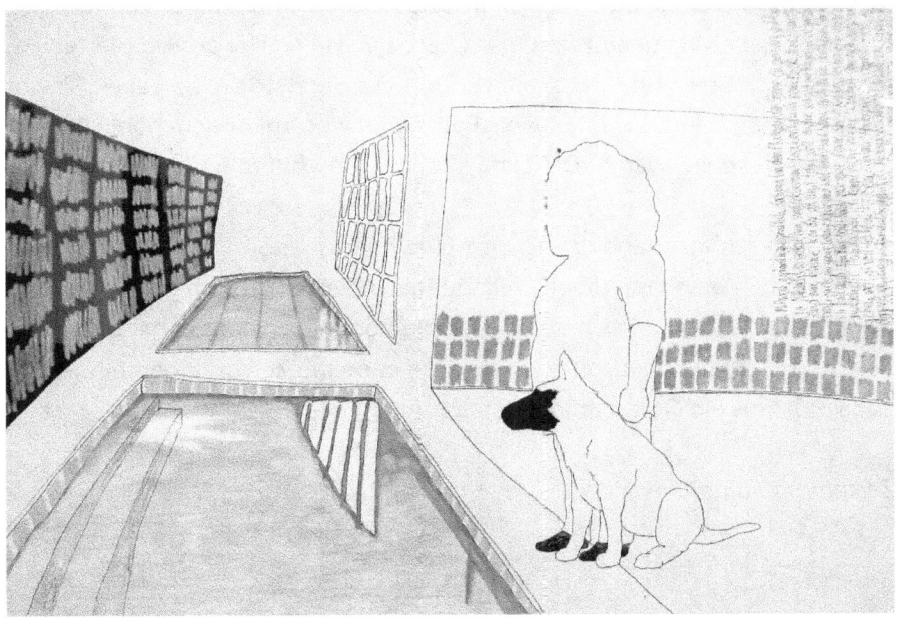

Stefanie Olendorf

Der Hundesalon

Zunächst fertigte ich schnell einige Skizzen an, die ich vor dem Tresen machte. Ich sammelte alle Eindrücke, die auf mich einwirkten – dabei schrieb ich auch auf, was ich im Hundesalon hörte: Fachsimpeleien unter Hundekennern unterbrochen von Hundebellen.

In den nächsten Wochen nahm ich einen Fotoapparat hinzu und fotografierte alles, was mir vor die Linse kam, dabei machte ich auch Detailaufnahmen. Hierbei arbeitete ich hinter dem Tresen, in dem Bereich, wo der Kunde keinen Zugang hat.

Bis jetzt wusste ich noch nicht, wohin mich das führen sollte – ich habe einfach mal drauflosgearbeitet. Es sind dabei viele Zeichnungen und Fotos entstanden.

Dann kam ich auf die Idee, Fotografie und Zeichnung zu kombinieren.

Zunächst habe ich nur einzelne Teile (z. B. einen Hund) der groß kopierten Fotos ausgeschnitten und durch Zeichnungen ersetzt. Die Idee gefiel mir gut und so habe ich im Salon sehr viele Fotos gemacht, auf denen möglichst viele Dinge zu sehen waren. Die Detailaufnahmen konnte ich nicht mehr gebrauchen.

Dann habe ich aus den Fotos ganze Teile herausgenommen (z. B. den oberen Teil eines Fotos) und durch Zeichnungen ersetzt. Plötzlich gefiel mir nicht mehr, dass das Bild an sich von der Kopie dominiert wird. So habe ich Teile aus der Fotografie geschnitten und diese in meine Zeichnungen eingefügt, sodass daraus ein Gesamtbild entstand.

Zeichnung, Fotografie

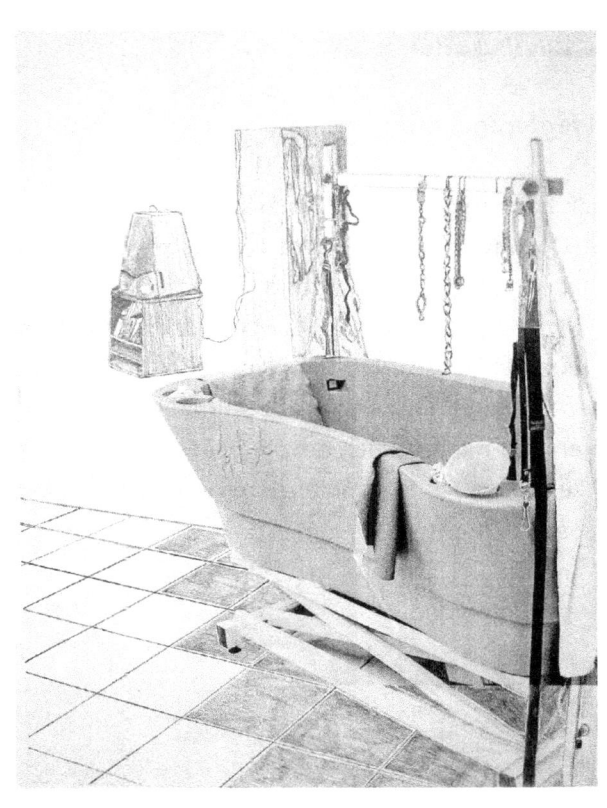

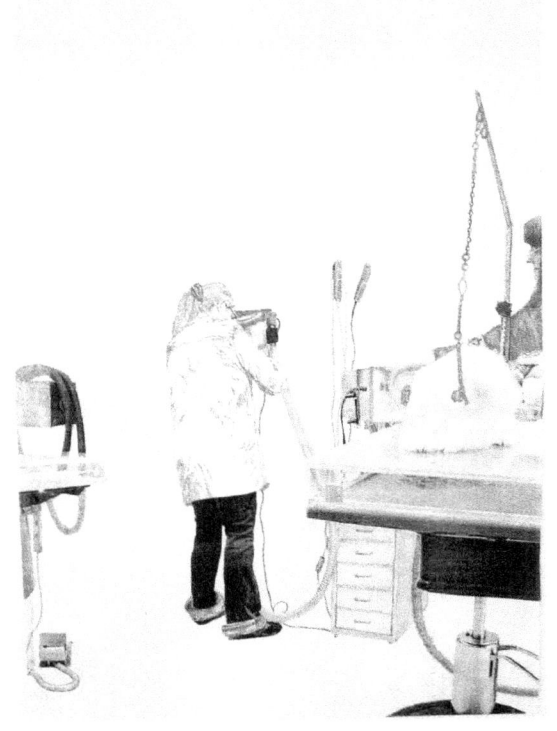

Katharina Peick

Pferderennbahn

Ich habe mich in dem Seminar »Mapping Brackel!« mit der Pferderennbahn in Dortmund Wambel mittels digitaler Medien auseinandergesetzt. Zunächst habe ich den Ort durch digitale Fotografie erschlossen, insbesondere den Pferdestall, die Renntage, die Architektur und den Golfplatz. Das Erlernen der neuen Methode, der digitalen Bildbearbeitung, hat mich zum experimentellen Umgang mit den Fotos inspiriert. Die Ergebnisse waren derart überzeugend für mich, das ich bei dieser Technik geblieben bin und sie weiterentwickelt habe. Ich kombiniere alle gesammelten Motive und setze sie in neue abstrakte Kontexte.

Digitalfotografie

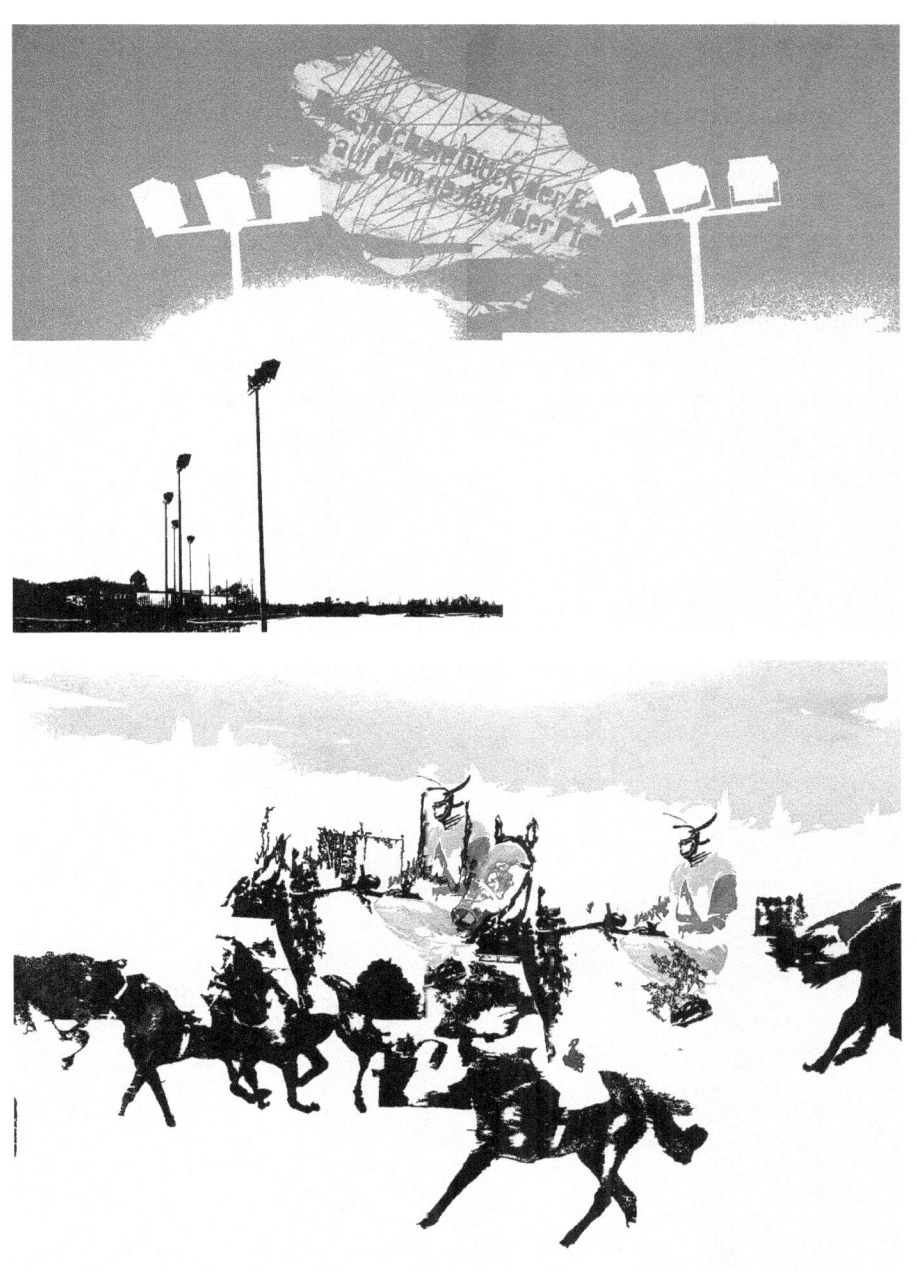

Natalie Roeder

Hundeübungsplatz in Dortmund Brackel

In mehreren Zeichnungen wurde die Stimmung auf dem Platz festgehalten. Die Bewegung, das Knurren und die Power der Hunde ebenso wie die Stimmung der Menschen. Auf den Punkt gebracht wurde dies mit dem Mittel des kompromisslosen Schwarz–Weiß.
Sie spielt mit den Kombinationsmöglichkeiten der entstandenen Stempel. Weitere Raumkonstellationen entstehen in Form von Schablonen.

Linoldruck

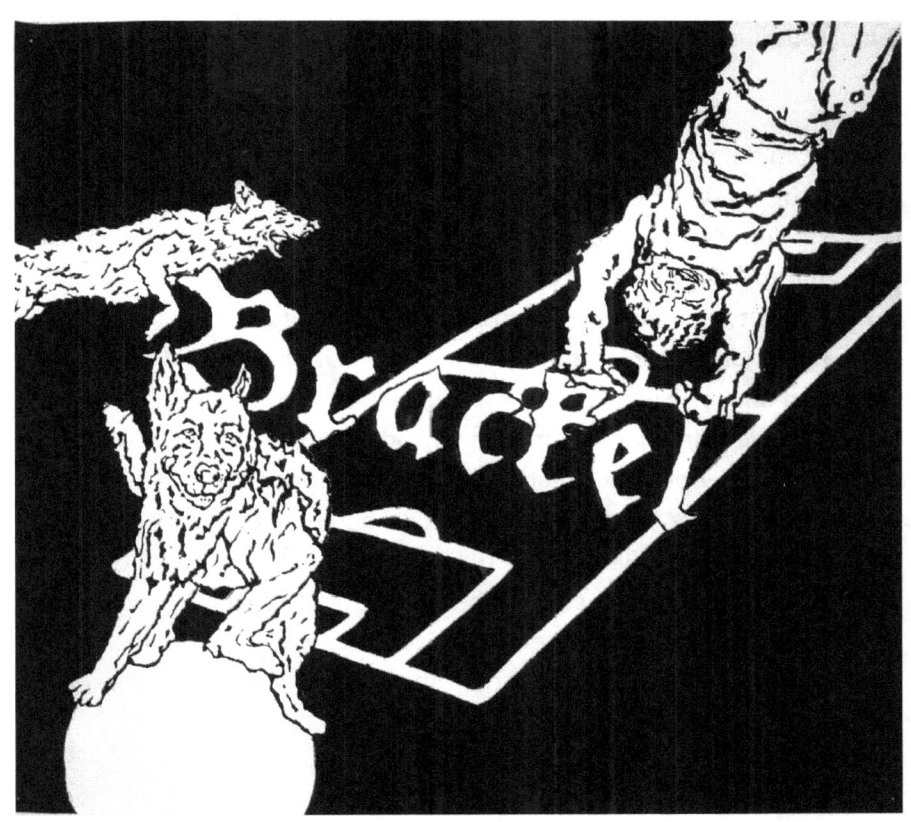

Sabine Sommer

In meiner künstlerischen Arbeit befinde ich mich ständig auf der Suche nach Themen, in denen ich mich bekannt und geborgen fühle, die aber auch so neu und fremd sind, dass mich eine Beschäftigung mit ihnen reizt. Gefunden habe ich diese gewisse Äquivalenz in der Alltagswelt. Immer haben die Orte etwas mit meinen bereits erlebten Erfahrungen zu tun, sind aber dennoch ein Stück weit im Dunkeln und daher so interessant. Habe ich schließlich ein Thema gefunden, dann eröffnet sich mir meist ein ganzes Feld an Motiven, Gedanken und Assoziationen. Meine künstlerische Arbeit navigiert und bewegt sich also ständig in einem Themenfeld. Häufig bietet mir das Internet ein breites Angebot an Bildmaterial, das ich mit eigenen Fotos und Zeichnungen kombiniere. Ich verwende den Computer als Bildgeber und reflektiere damit neuartige Bildtechniken. Die Internetrecherchen stehen immer zu Anfang meiner künstlerischen Arbeit, begleiten aber auch den gesamten Entstehungsprozess der Arbeiten. Wichtig ist meine eigene Auseinandersetzung mit dem Thema. Der Prozess des Hinzulernens, des Entdeckens und Erfahrens.

Zeichnung, Fotografie

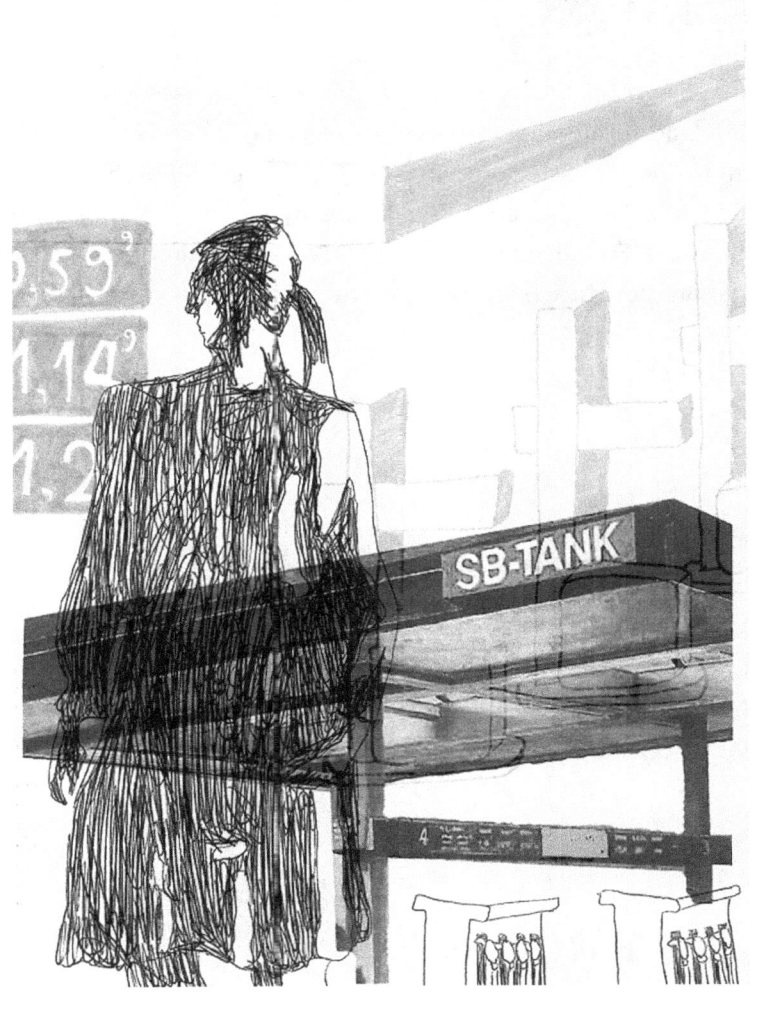

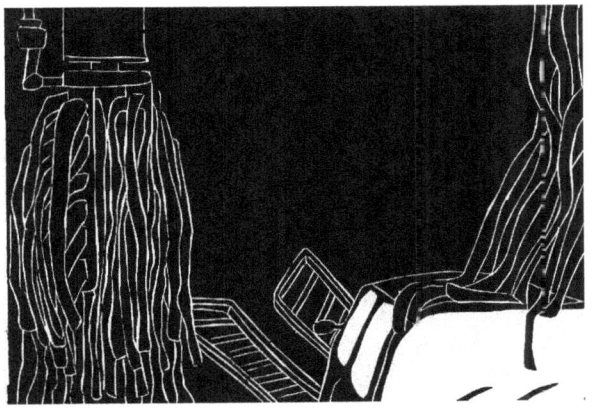

Britta Wildenhain

In meinen Zeichnungen habe ich mich langsam an den mir noch unbekannten Stadtteil herangetastet. Ich habe meine ersten Begegnungen mit Brackel zu meinem Thema gemacht: Was sticht einem Menschen ins Auge, der zum ersten Mal durch die Straßen Brackels geht? Was macht Brackel, mit den Augen einer Fremden betrachtet, aus? Was steckt hinter den Fassaden? Bei meiner Arbeit habe ich Brackel Stück für Stück kennengelernt.

Zeichnung, Fotografie

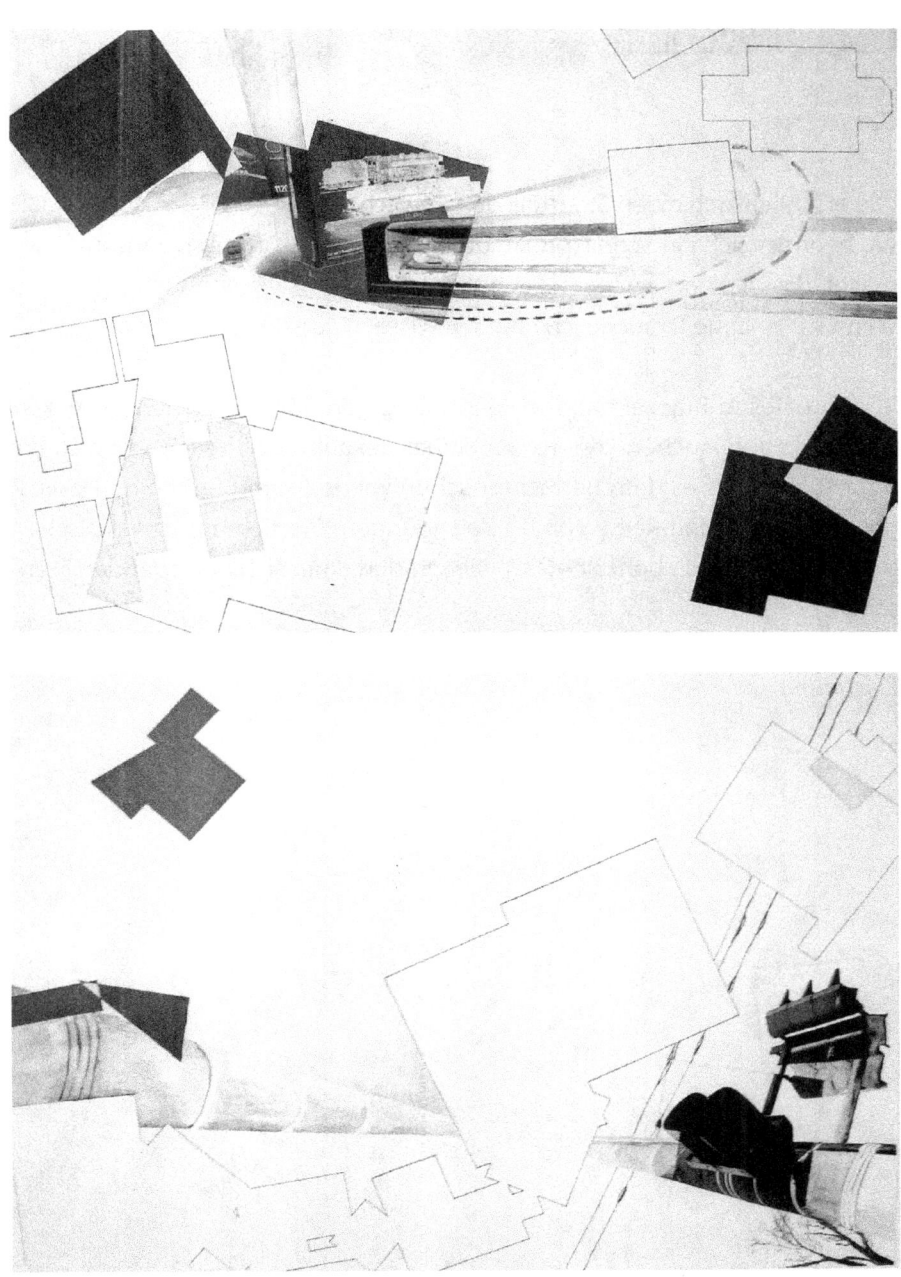

Andra Wegener Kamitzki

Gaststätten

Wie erschließe ich einen Stadtteil, den ich nicht kenne?
Wo befindet sich ein Schnittpunkt, der mir das Unbekannte so vertraut macht, dass ich dort zeichnen kann?
Wenn ich zeichne, brauche ich einen gewissen Grad an Vertrautheit.

In den Cafés in Brackel habe ich dann Orte gefunden, in denen ich vielerlei Details untersuchen konnte. Scheinbar Bekanntes habe ich so im Detail untersucht, dass es dem Betrachter schon wieder fremd erscheint. Herausgekommen ist eine Reihe von 40 Zeichnungen, die sich mit den typischen Utensilien in Cafés ebenso befasst wie mit den darin sich bewegenden Menschen.

Zeichnung

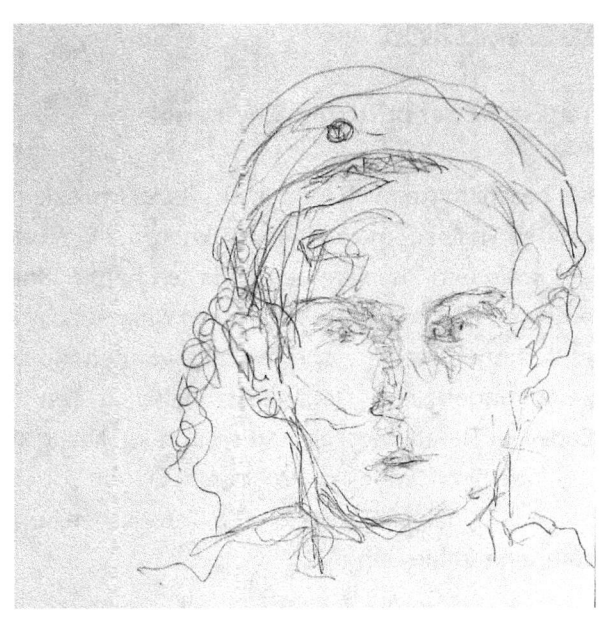

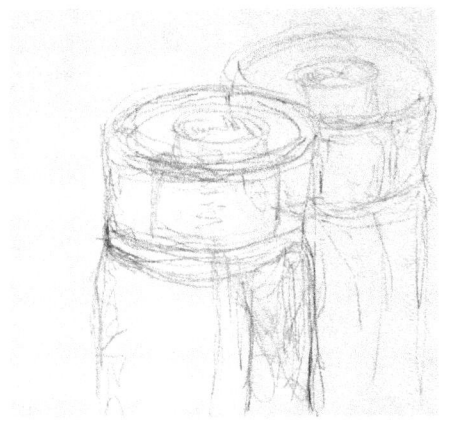

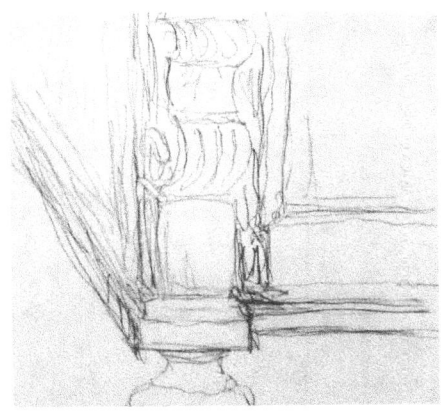

Sabrina Fischbach

Tankstelle der Britischen Rheinarmee

Ich beschäftigte mich in meinem Projekt mit dem ehemaligen Militärgelände, denn nach dem Zweiten Weltkrieg war Brackel ein bedeutender Standort der Britischen Rheinarmee. Die Briten hatten eine große Kaserne in Brackel errichtet, welche gerade abgerissen wird. Auf dem Gelände entsteht ein neues Wohngebiet. Mir war es wichtig, vor dem Komplett-Abriss mit Fotos und Zeichnungen dieses Gebiet festzuhalten. In den 1990er-Jahren, also mit dem Ende der Besatzungszeit und nach dem Abzug der Briten, erinnerte dieses Gelände noch lange an vergangene Zeiten. Vor allem die alte Tankstelle, der man ihr Alter ansah bildete einen historischen Kontrast, zum ringsherum entstandene, kahle Gebiet.

Fotografie

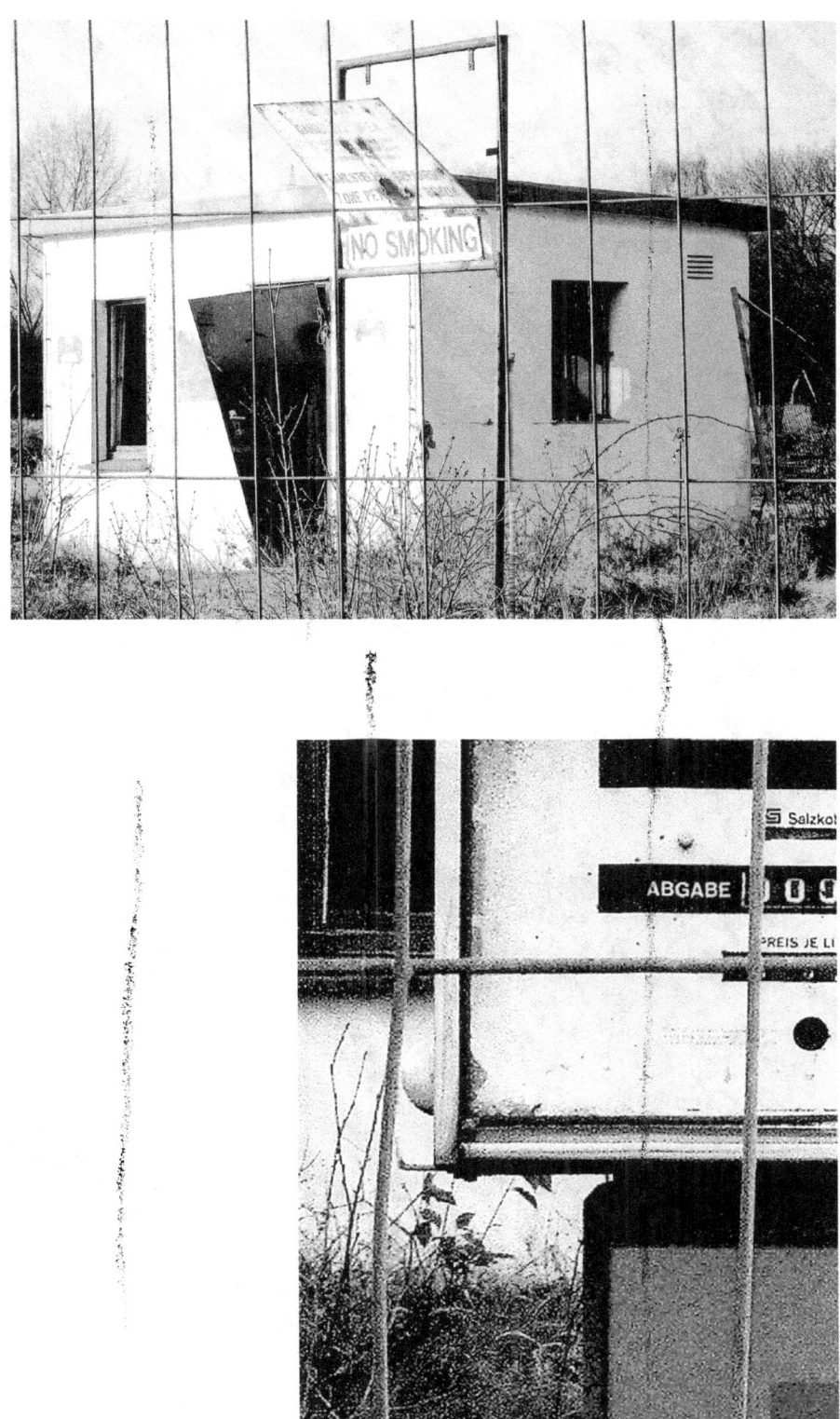

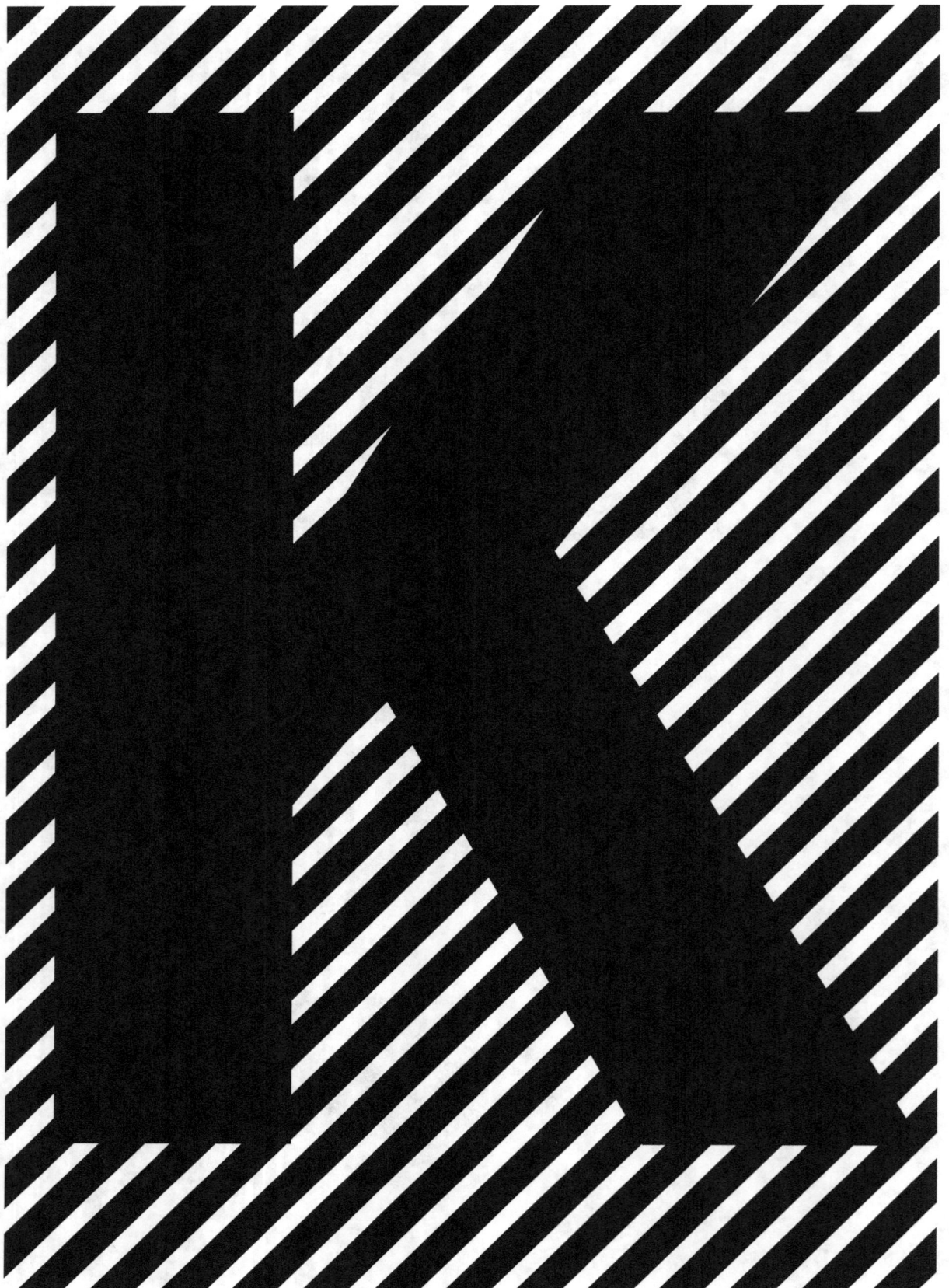

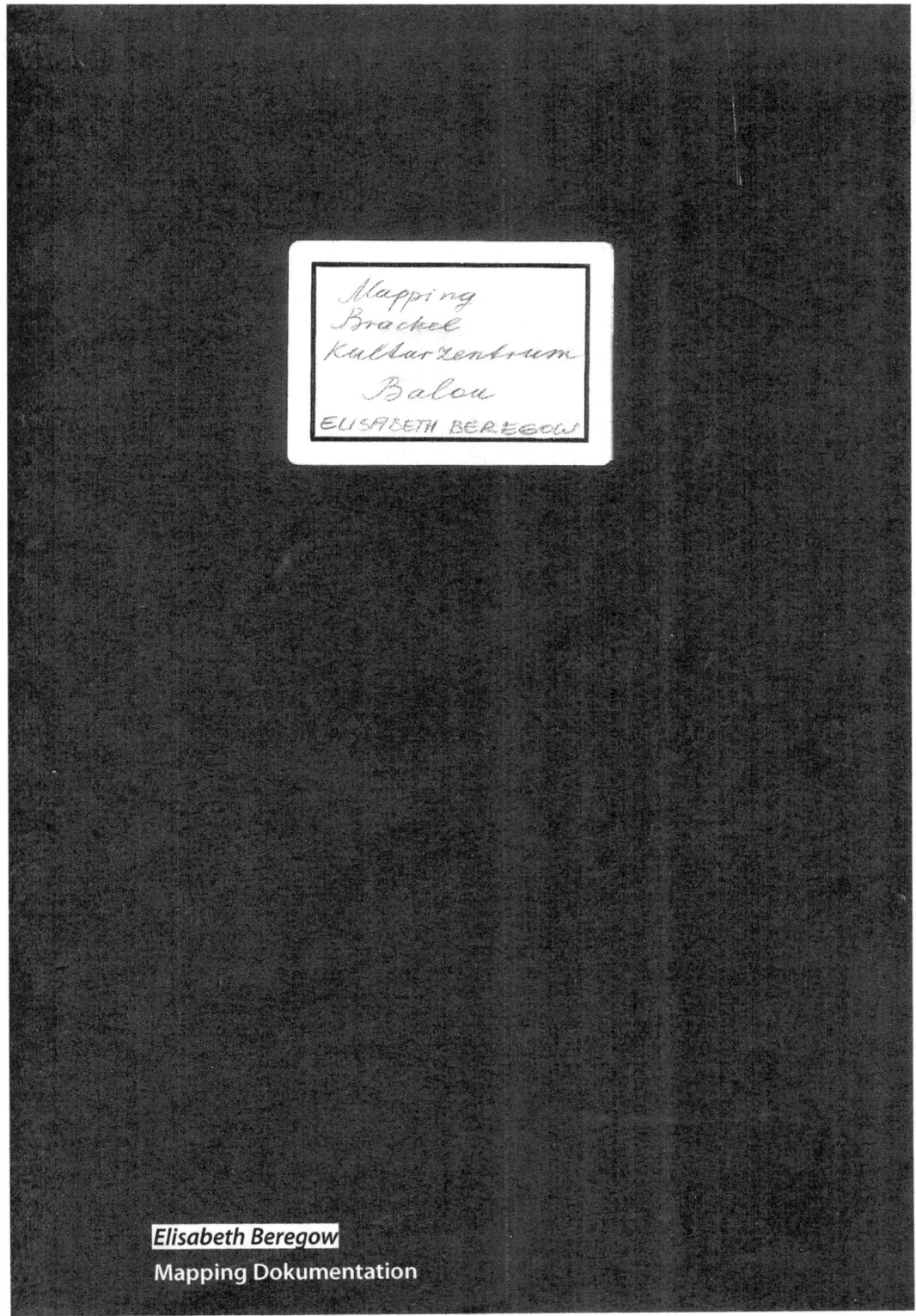

Elisabeth Beregow
Mapping Dokumentation

Mappingprojekt über Brackel   23.10.07

Mapping – Eine Sammlung: Fotografie, Zeichnungen, Videos.
Orte, Strecken, Themen, Eindrücke, Tonaufnahmen
Eine Karte anlegen. Tagebuch führen.
Gefühle, Begebenheiten aufschreiben.
Gegenseitiger Austausch

Was interessiert mich an Brackel?
Wie drücke ich es aus?
— Auf ein Thema beschränken.

---

3 Schulen machen mit
Ausstellungen — Balou (Anfang März, Ende Februar bis Juni)
— Konferenzraum

Am Ostwall Museum (Publikationen über das Projekt)
— Arbeitsweise
— Projekttagebücher
— Vorgehensweise
— Gedanken, Ideen
— Der Weg zum Thema
Der Prozess soll nachvollziehbar sein.

500 € fürs Projekt
25 € auf Rechnung.

05.11.07 → Führung durch
12:30   Brackel
           von Hr. Preus.
           Er macht darüber
           ein Seminar.

Gästebuch

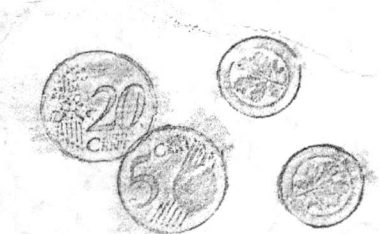

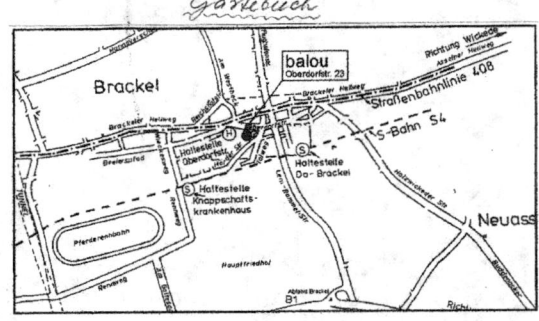

Handy Nr Katharina 01639733307
Seite 3

23.10.07

Nach der Besprechung mit Katharina gehe ich vom Kulturzentrum Balou aus mit Andrea in die Stadt. Wir schauen uns das Gebäude des Kulturzentrums von außen nochmal an. Andrea meint, sie würde sich unter die schräge Glasfasade der Bibliothek legen und das Spiegelbild fotografieren. Mir gefällt an dem Bau die erkennbare Differenzierung der drei verschiedenen Baukörper:

- Die alte Schule (Anfang 20.Jh?)
- Der erste Anbau aus den 70'oder 80'Jahren mit großen Fassadenfenstern.
- Der moderne Glasbau der Bibliothek und des Cafés.

Wir gehen durch Brackel. Es ist bemerkungswert, dass es in einer Straße so verschiedene Häuser gibt.
Graffities und Plakatkleber prägen das Stadtbild. Wir drehen um und gehen in Richtung Stadtkirche. Da schauen wir uns die Entstehungsdaten an. In der Umgebung der Kirche sieht man ganz alte Fachwerkhäuser.
Nach dem Spaziergang setzen wir uns ins Café. Andrea wird von mir gezeichnet und uns fotografiert.
Als ich spät abends über das Klausurprojekt nochmal nachdenke, fallen mir die zufriedenen Gesichtsausdrücke der älteren Damen aus dem Café ein.

30.10.07

Nachdem wir uns alle wieder im Kulturzentrum versammelt haben, gehen wir gemeinsam mit Katharina nochmal durch Brackel. Auf dem Weg erzähle ich Katharina über meine Eindrücke im Café. In diesem Gespräch legen wir das Thema: „Kulturzentrum Balou" fest. Ich gehe alleine zurück und fange im Café an zu zeichnen. Ich komme mit der Caféangestellten ins Gespräch. Sie erzählt mir, dass im Balou Seniorenabende mit Programm angeboten und gut besucht werden. Einige der Damen und Herren, die zu den Tanzabenden kommen, sind früher hier auf die Schule gegangen und können sich noch erinnern, wo sich die Klassenräume befanden. Ich schaue mir das Gästebuch an. Noch beeindruckt die Vielseitigkeit des Programms, das im Balou angeboten wird.

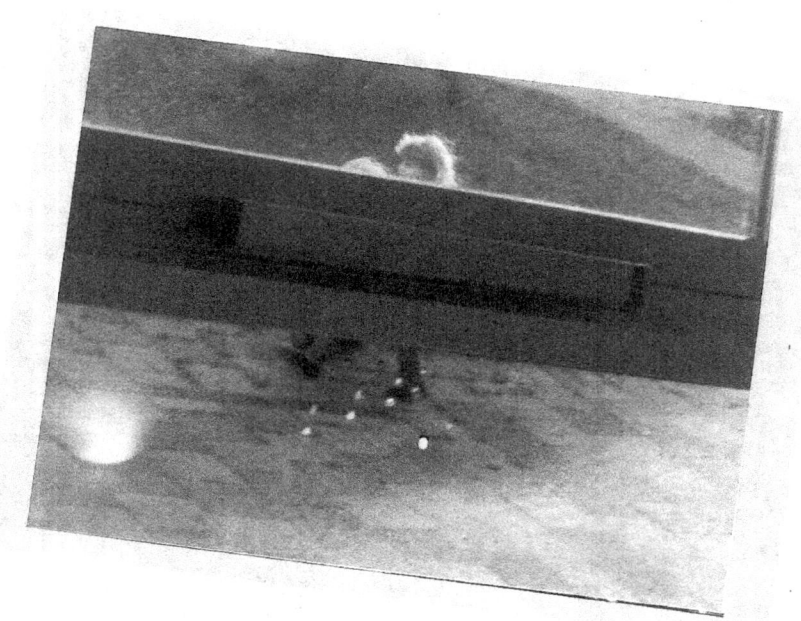

Überblick

Medien & Computer	10
Kreativität	17
Bewegung	18
Tanz & Musik	25
Lebensgestaltende Bildung	28
Serviceangebote	38
Offene Kinderbetreuung	39
Familie	41
Kursübersicht	44
Anmeldeformular	45

m im Überblick | Erwachsenenbildung   9

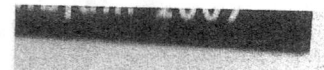

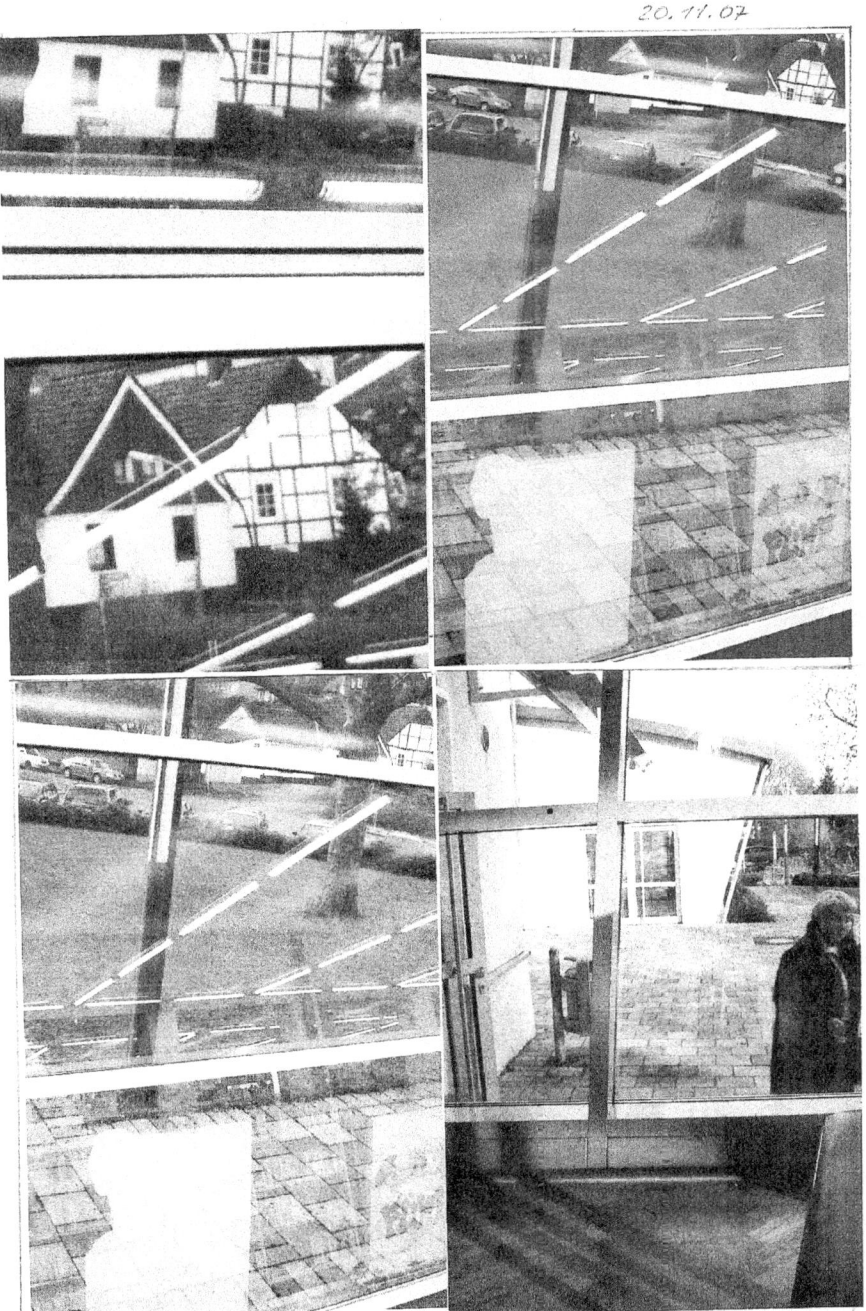

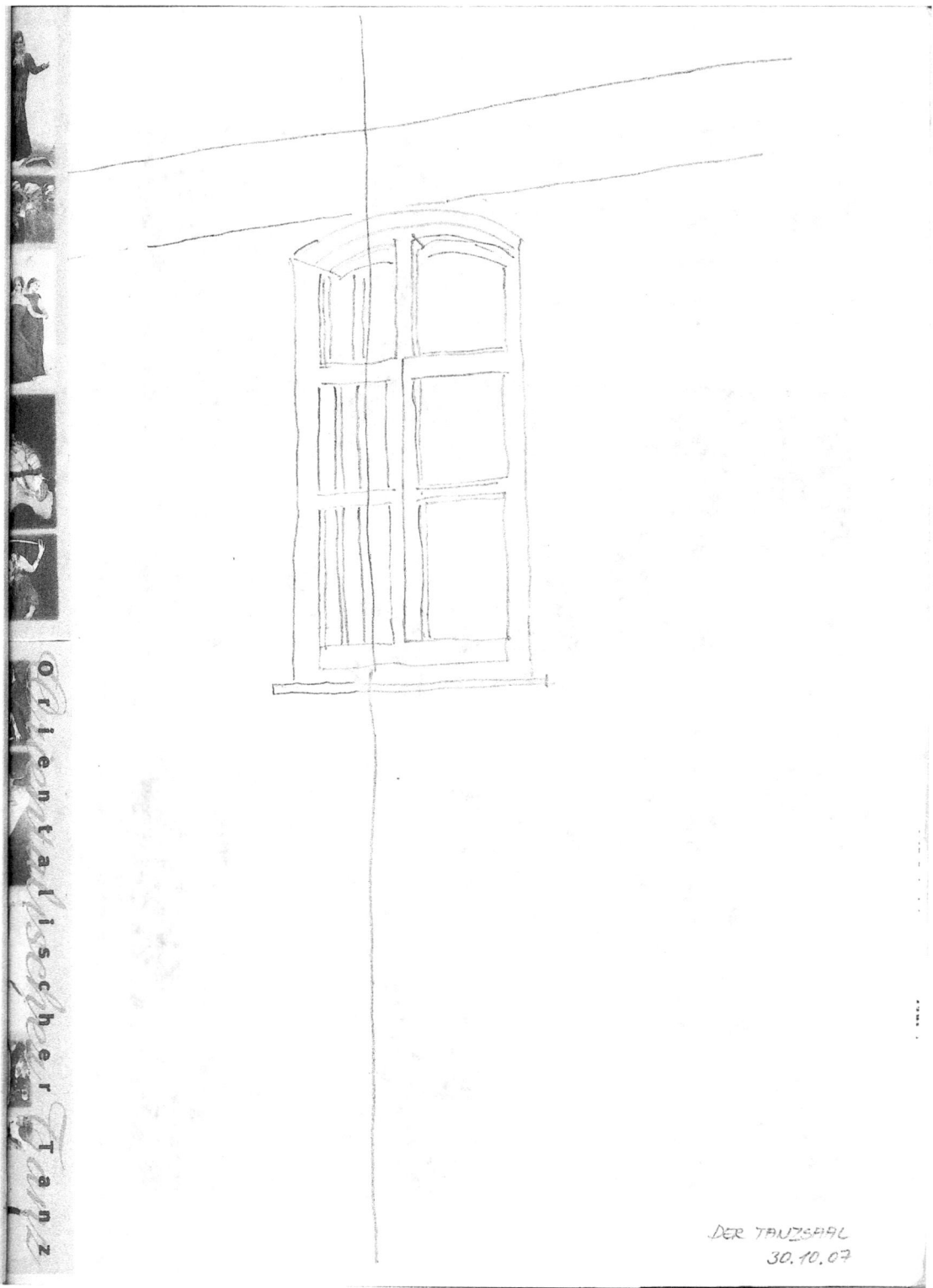

DER TANZSAAL
30.10.07

11.12.07

Im Gespräch mit Katharina Zeves, das wir im Cafe führten, wurde meine Anziehung zu Balou erneut deutlich.

Als wir beide Kinder Kids waren, las sie das Buch von Elena Makarowa: "Am Anfang war die Kindheit", welches mich beeindruckt und berührt hat.

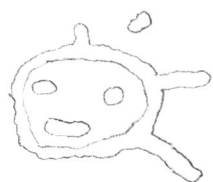

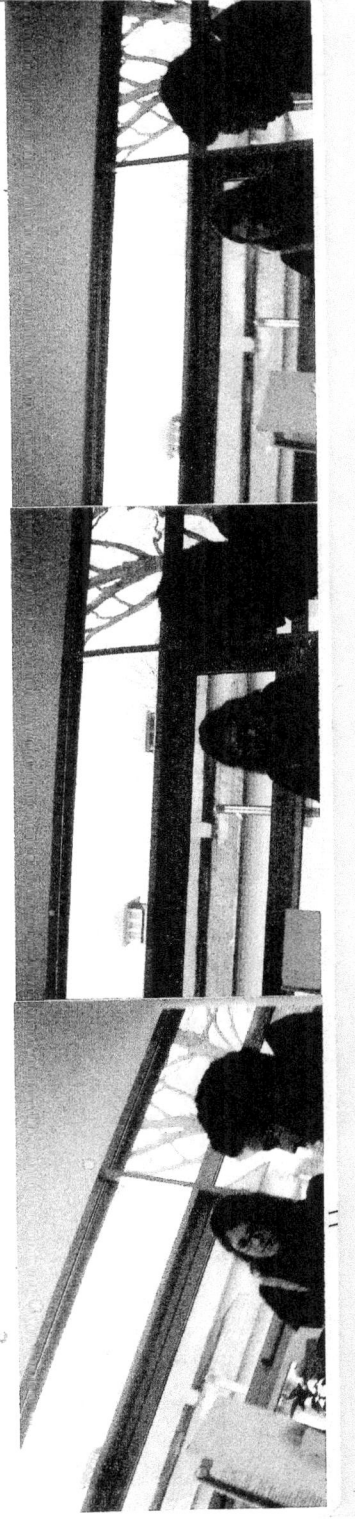

Dann ging es allgemein um die Vermittlung von Kunst an Kleinkinder. Die angeführten Ansätze waren zu der Zeit ausserprofessionell progressiv; beschrieben wurden einzelne Geschichten über Begegnungen mit kleinen Menschen im Kulturzentrum in Moskau in den 80er Jahren.

Kulturzentren, Kunstschulen und Kindereinrichtungen, die an Museen gebunden sind, besitzen für mich eine starke Anziehungskraft. So lässt sich auch meine Wahl des Kulturzentrums Balou als thematischen Schwerpunkt im Rahmen des Mappingprojekts erklären.

15.01.08

Neu Kurse beginnen. Ich wollte gerne in die Kurse reingehen.

Balett für kleine Mädchen. Der Reiz, sie in ihrer rosa Kostümierung zu fotografieren, ist alles andere als neu. Genau so wie Akrobatik oder ein Malkurs.
Und trotzdem mochte ich in die Kurse rein. Keine perfekte Komposition, sondern den Moment gefangen halten, den Augenblick einfrieren lassen.

Ich habe diesmal meine Spiegelreflexkamera mitgenommen, um die Schärfentiefe in den Bildern beeinflussen zu können.

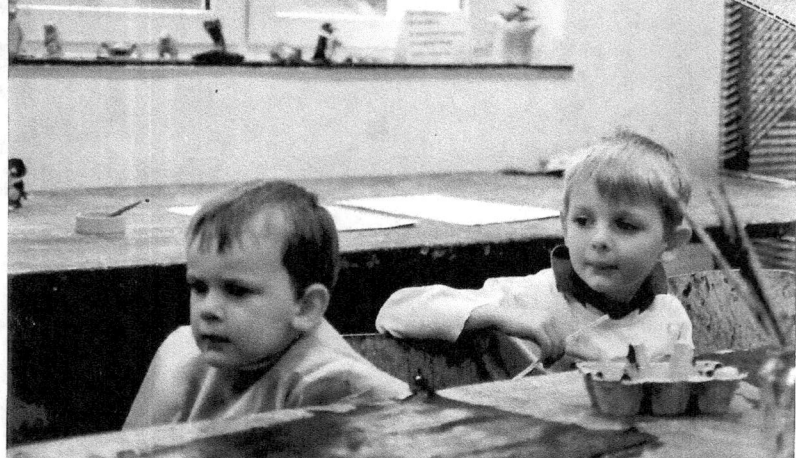

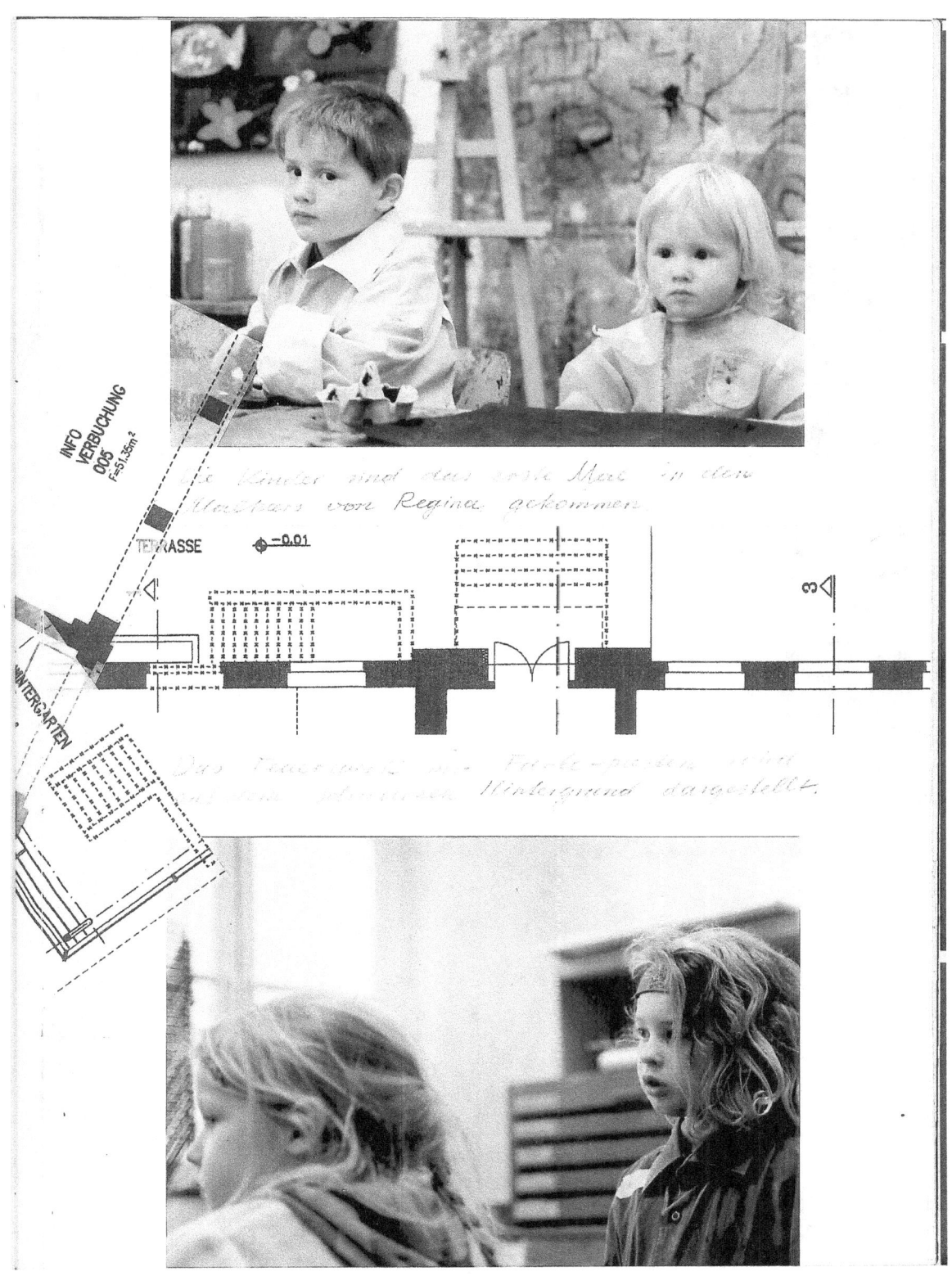

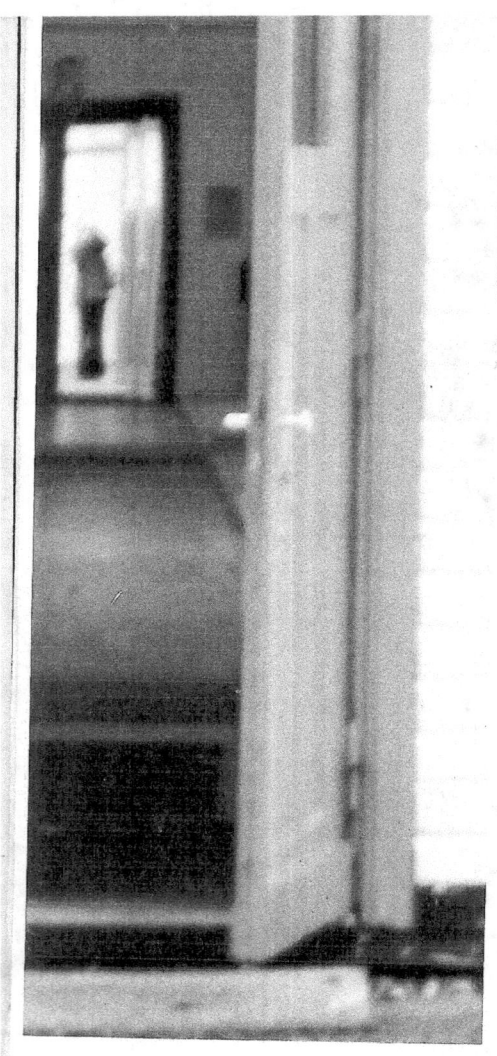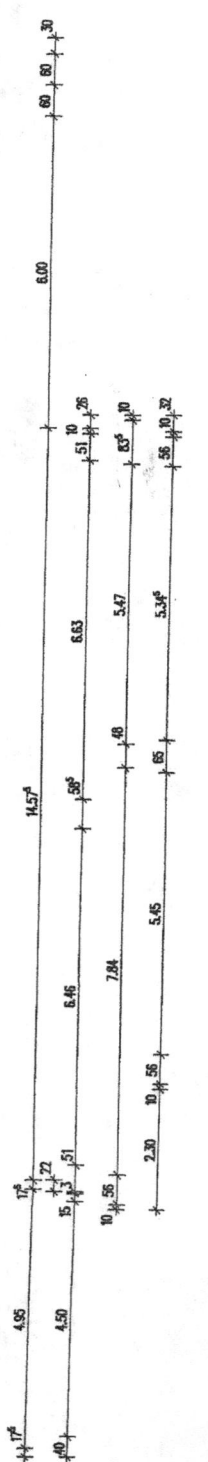

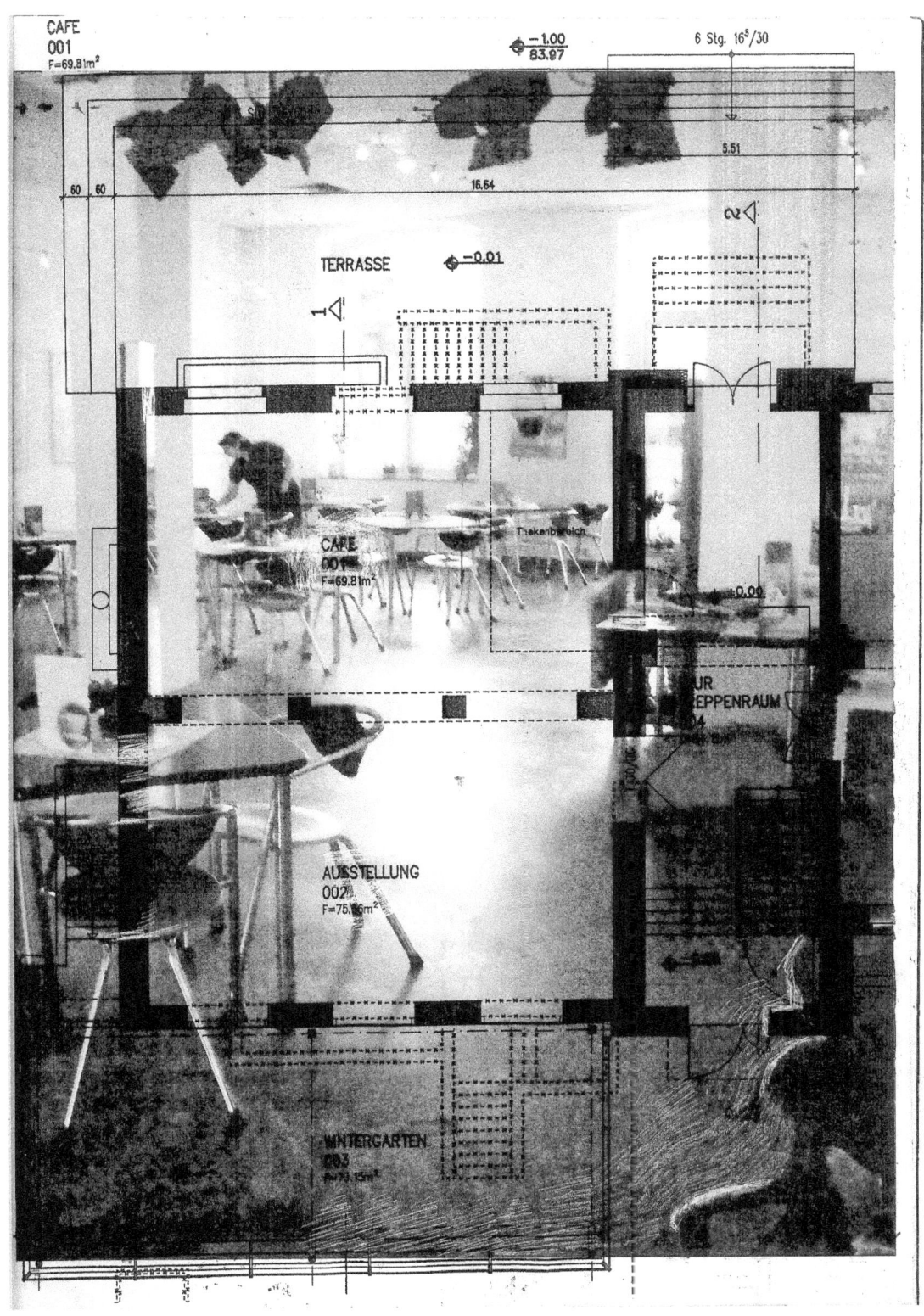

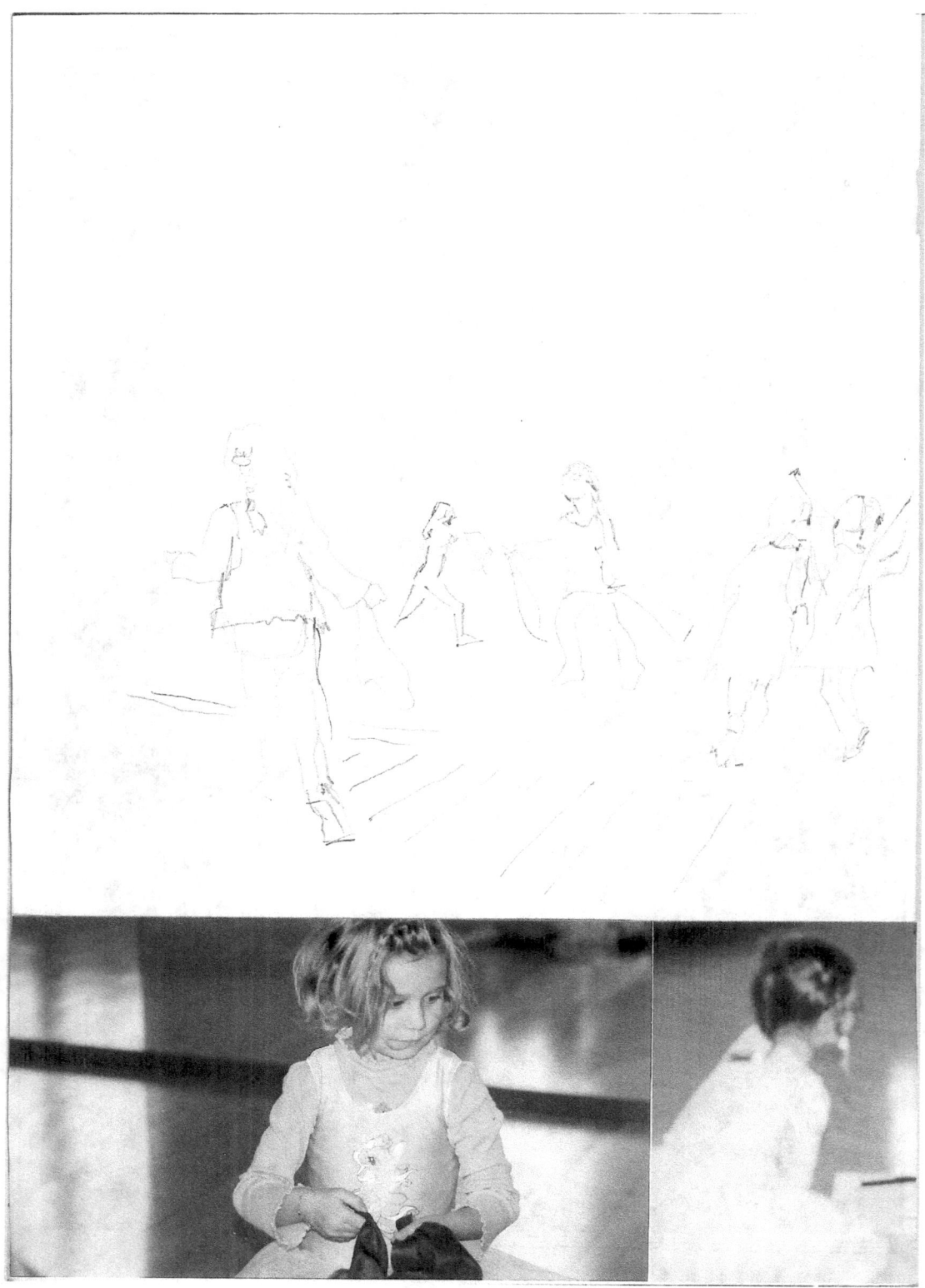

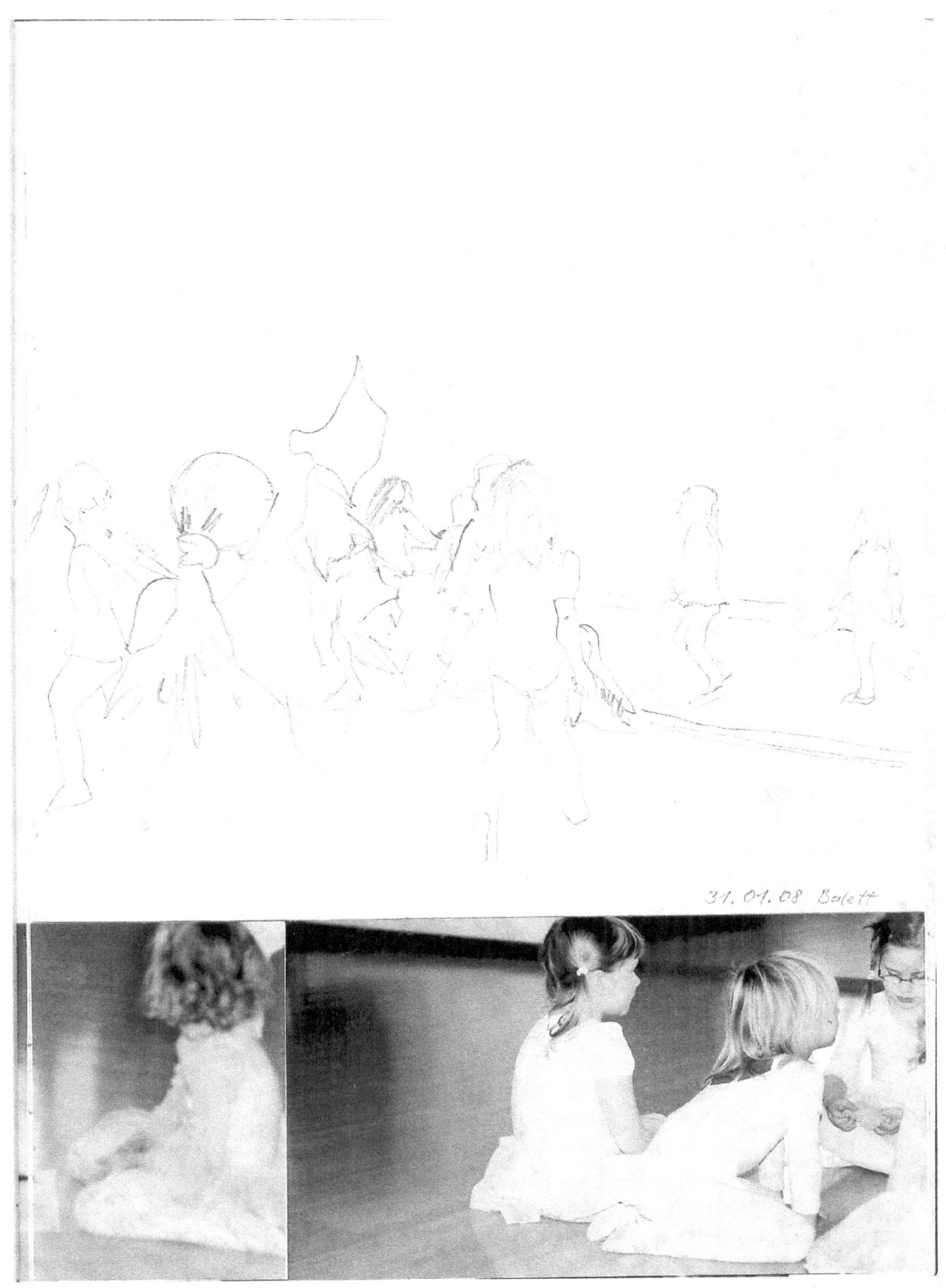

31.01.08 Balett

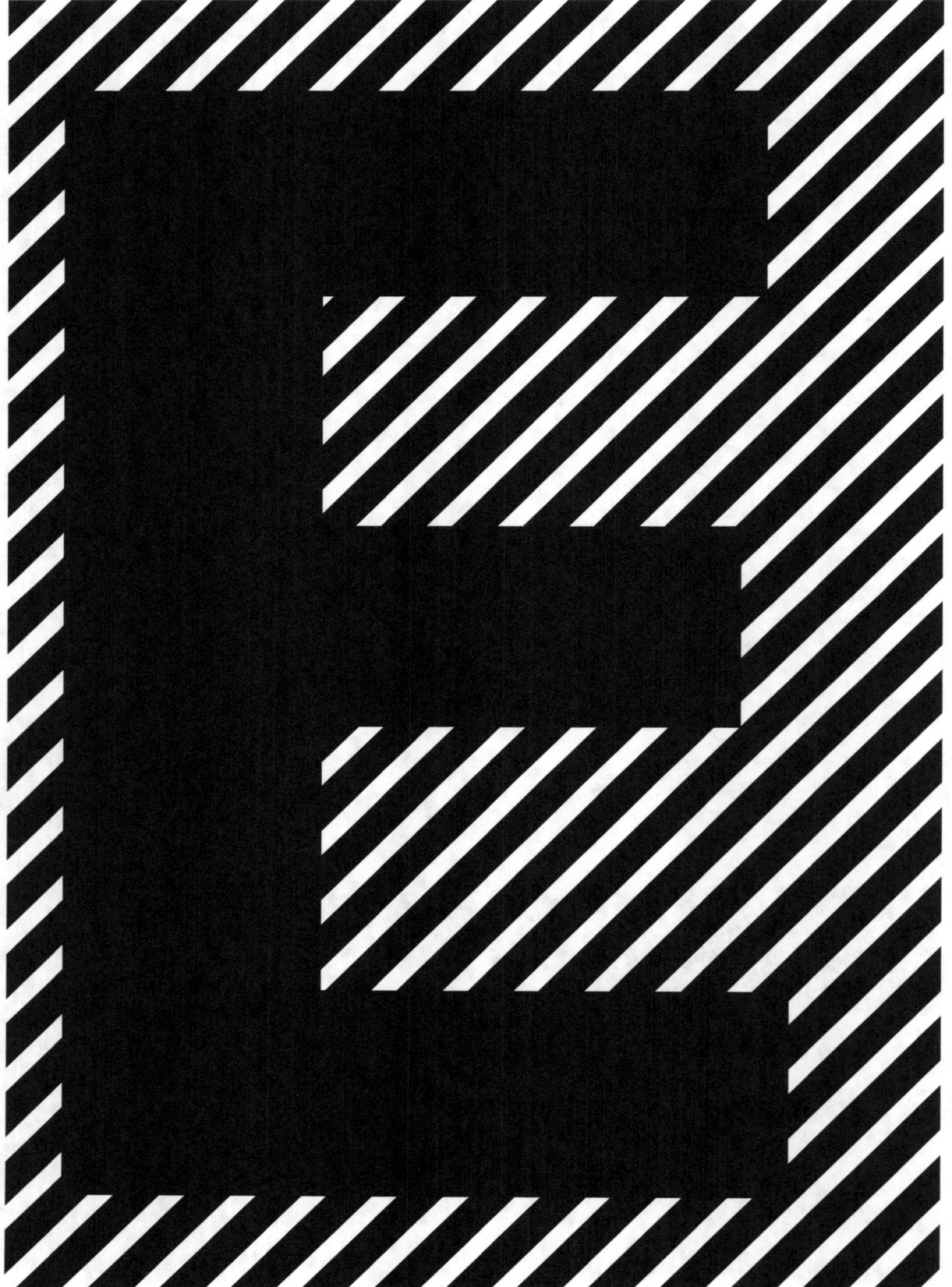

AUTORINNEN UND AUTOREN

Klaus Peter Busse
Lehrstuhl für Kunstdidaktik
Dr. phil., Professor am Seminar für Kunst und Kunstwissenschaft
Technische Universität Dortmund

Rudolf C. Preuss
OStR i.H., Projektleiter
Wissenschaftlicher Mitarbeiter am Lehrstuhl für Kunstdidaktik
Seminar für Kunst und Kunstwissenschaft
Technische Universität Dortmund

Martin Werner
Musiker, Pädagoge
Bildungsreferent der Landesarbeitsgemeinschaft
Arbeit Bildung Kultur NRW e.V.
Kulturmanager, Kulturzentrum balou, Dortmund

Ursula Tjaden
Dr. phil., ehem. Wissenschaftliche Mitarbeiterin, Lehrbereich Fotografie
Seminar für Kunst und Kunstwissenschaft
Technische Universität Dortmund

Katharina Weik
Studium der Fächer Biologie (Ruhr-Universität Bochum) und Kunst (Universität Dortmund) für das Lehramt Sek.I und Sek.II
Studienreferendarin, Europaschule, Dortmund

Nicole Lezak
Schülerin des Kunstschwerpunktkurses 10. Jahrgang
Max-Born Realschule, Dortmund

Stefanie Olendorf
Studentin im ersten Semester
Seminar für Kunst und Kunstwissenschaften
Technische Universität Dortmund

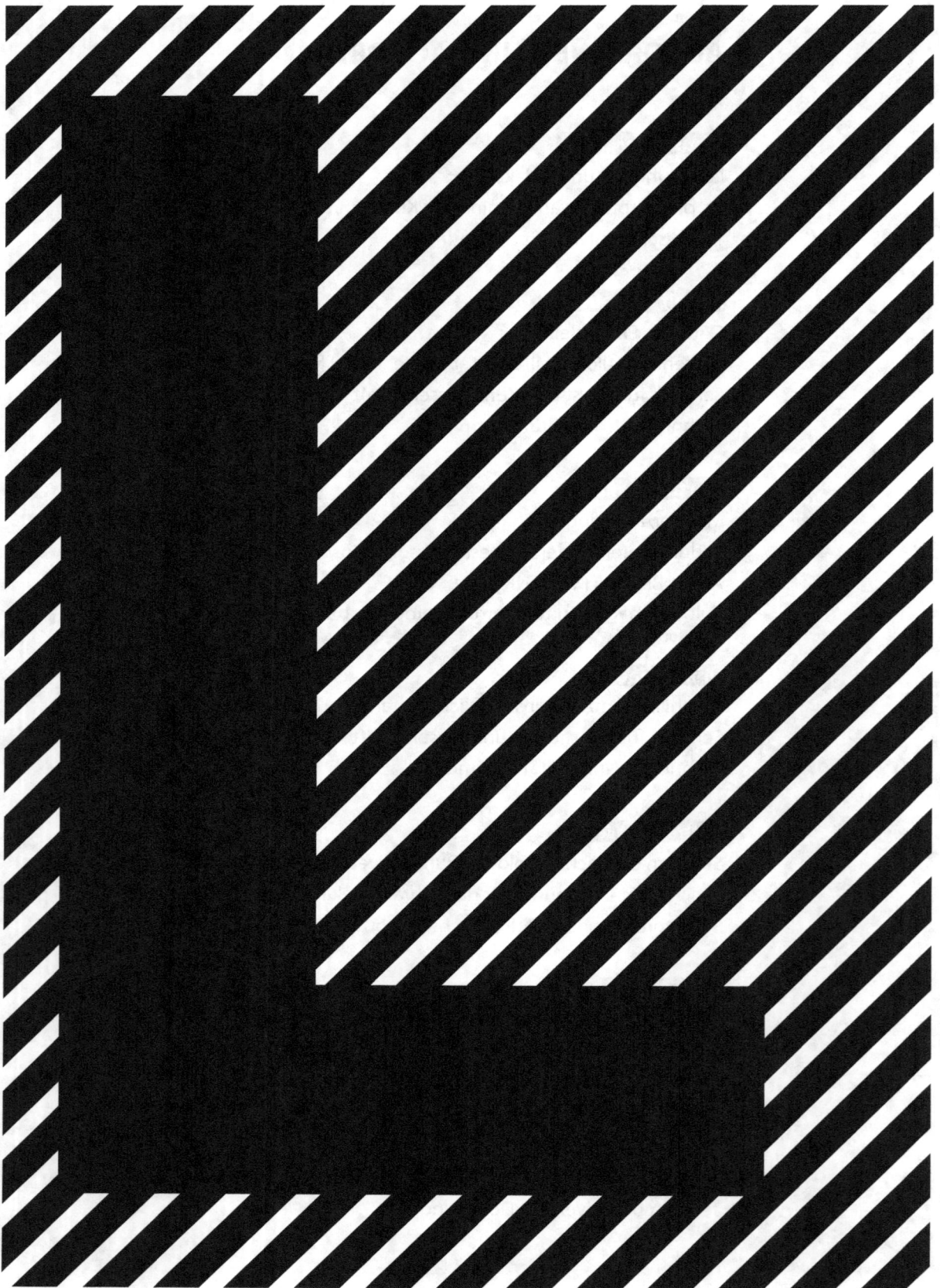

Dortmunder Schriften zur Kunst
Herausgegeben vom Institut für Kunst und Materielle Kultur
an der Technischen Universität Dortmund

Klaus-Peter Busse (Hrsg.)
Kunstdidaktisches Handeln.
Dortmunder Schriften zur Kunst.
Studien zur Kunstdidaktik. Band 1.
Norderstedt 2003
ISBN 3-8334-0052-8

Klaus-Peter Busse
Bildumgangsspiele:
Kunst unterrichten.
Dortmunder Schriften zur Kunst.
Studien zur Kunstdidaktik. Band 2.
Norderstedt 2004
ISBN 3-8334-0951-7

Klaus-Peter Busse
Vom Bild zum Ort:
Vom Mapping lernen
Dortmunder Schriften zur Kunst.
Studien zur Kunstdidaktik. Band 3.
Norderstedt 2007
ISBN 978-3-8334-7031-8 (Paperback)
ISBN 978-3-8334-7032-5 (Hardcover)

Jürgen Stiller
Gegen das blinde Sehen –
empirische Rezeptionsforschung
im Unterrichtsfach Kunst
Dortmunder Schriften zur Kunst.
Studien zur Kunstdidaktik. Band 4.
In Vorbereitung

Jürgen Stiller (Hrsg.)
Bildräume-Bildungsräume
Kunstvermittlung und
Kommunikation im Museum
Dortmunder Schriften zur Kunst
Studien zur Kunstdidaktik. Band 5.
Norderstedt 2007
ISBN 978-3-8334-7220-6

Klaus-Peter Busse /
Karl-Josef Pazzini (Hrsg.)
(Un)Vorhersehbares Lernen:
Kunst-Kultur-Bild
Dortmunder Schriften zur Kunst
Studien zur Kunstdidaktik. Band 6.
Norderstedt 2008
ISBN 978-3-8334-7718-8

Rudolf Preuss (Hrsg.)
Mapping Brackel
Dortmunder Schriften zur Kunst
Studien zur Kunstdidaktik. Band 7.
Norderstedt 2008.
ISBN 978-3-8370-4203-0

Ansgar Schnurr
Über das Werk von Timm Ulrichs
und den künstlerischen Witz als
Erkenntnisform
Dortmunder Schriften zur Kunst
Studien zur Kunstdidaktik. Band 8.
Norderstedt 2xxx, in Vorbereitung.

Klaus-Peter Busse
Bildumgangsspiele einrichten
Dortmunder Schriften zur Kunst
Studien zur Kunstdidaktik. Band 9.
Norderstedt 2xxx, in Vorbereitung.

Hans Breder / Klaus-Peter Busse (eds.)
Intermedia: Enacting the Liminal.
Dortmunder Schriften zur Kunst.
Intermedia-Studien. Band 1.
Norderstedt 2004
ISBN 3-8334-1541-X

John Hanhardt /
Klaus-Peter Busse (eds.)
Hans Breder:
Intermedia and Process
Mit einem Vorwort von /
with a foreword by Klaus-Peter Busse
Dortmunder Schriften zur Kunst.
Intermedia-Studien. Band 2.
Norderstedt 2007
ISBN 978-3-8334-7078-3

Bernhard Waldenfels
Findigkeit des Körpers.
Mit einem Beitrag von
Bettina van Haaren,
Matthias Kleiner und
Peter Schubert.
Dortmunder Schriften zur Kunst.
Kataloge und Essays. Band 1.
Norderstedt 2004
ISBN 3-8334-1542-8

Holger Schnapp
INTER.VIEW
Mit einem Beitrag von
Jean-Marie Gleize
Dortmunder Schriften zur Kunst.
Kataloge und Essays. Band 2.
Norderstedt 2007
ISBN 978-3-8334-7062-2

Bettina van Haaren (Hrsg.)
Pfandjäger
Mit Beiträgen von Bettina van Haaren
und Nils Büttner
Dortmunder Schriften zur Kunst.
Kataloge und Essays. Band 3.
Norderstedt 2007

Jan Kolata (Hrsg.)
Friedrichsburg
Mit Textbeiträgen von Nils Büttner,
Christian Freudenberger und
Marnie Westerhoff
Dortmunder Schriften zur Kunst
Kataloge und Essays. Band 4.
Dortmund 2008

Benjamin Vogel
Landschaften erfinden – Von der
Idee zur Landkarte zum Bild
Mit Textbeiträgen von
Klaus-Peter Busse und Nils Büttner
Dortmunder Schriften zur Kunst
Kataloge und Essays. Band 5.
Norderstedt 2xxx, in Vorbereitung.

www.ingramcontent.com/pod-product-compliance
Lightning Source LLC
Chambersburg PA
CBHW082331220526
45470CB00008B/2469